A MÍ TAMBIÉN

Karina M. Soto Mayte F. Tepichín Toño García

A MÍ TAMBIÉN

SI LA ADOLESCENCIA TE ATACA, LEE ESTE LIBRO

Ilustraciones de Anita Mejía

ALFAGUARA

Papel certificado por el Forest Stewardship Council®

Primera edición: septiembre de 2017
Décima reimpresión: enero de 2022

Printed in Spain – Impreso en España

ISBN: 978-84-204-8675-8
Depósito legal: B-14.416-2017

Maquetación: Negra

Impreso en Limpergraf
Barberà del Vallès (Barcelona)

AL 8 6 7 5 A

Si mis manos crean y mi alma se siente viva es gracias a Él y a sus secuaces (papá Armando, mamá Luz, mi hermano Gerardo y mi alma no tan gemela, Rosendo). A ellos les dedico este libro.

MAYTE

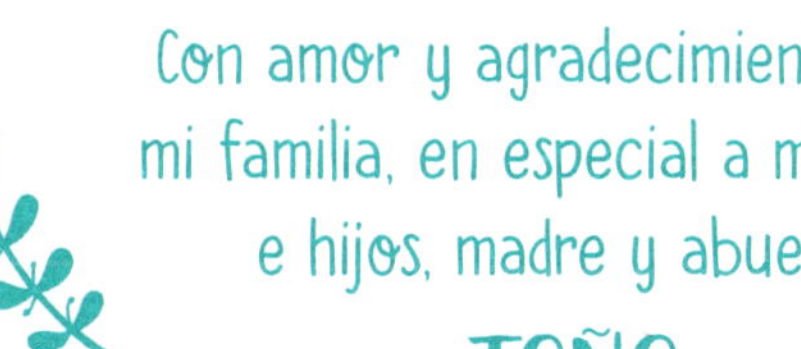

Con amor y agradecimiento para mi familia, en especial a mi esposa e hijos, madre y abuelita.

TOÑO

Para Gaby. Éramos unas niñas cuando te prometí que mi primer libro sería tuyo. Ahora lo es. Para mi mamá y Alain, por ser el soporte de mi vida y el motor de mis sueños. Los amo.

KARINA

- ÍNDICE -

Me gusta :-)

Cuando tuve los primeros borradores de este libro en mi ordenador, esperaba encontrar un libro de orientación sin más. Pero me encontré con algo diferente.

Una vez que abrí los archivos no pude dejar de leer y leer, parar y releer, dar sorbitos al café y seguir leyendo. Me sorprendí riendo mientras leía párrafos enteros, pues si de algo no carece este libro es de buen humor. Un humor sencillo y agradable que no pasa desapercibido.

Fue una experiencia muy grata ilustrar *A mí también*, por muchas razones. Durante más de seis años he trabajado al lado de sus autores en diversos proyectos. En este tiempo hemos formado una relación de confianza y respeto. Existe de antemano un acuerdo mudo de hacer bien las cosas. Hay entre nosotros una necesidad de crear proyectos con significado, con un propósito, prestando atención y empeño a cada detalle.

Por estas razones, cuando Kari, May y Toño me hablaron del proyecto y me invitaron a formar parte de *A mí también*, no dudé mi respuesta. Sí, sí, sí.

Fui una adolescente reservada, algo retraída y llena de dudas, y por vergüenza nunca las compartí ni con mis padres ni con mis amigos. Un libro como *A mí también* seguramente me habría servido de confidente, de cómplice. Sé que habría disfrutado entre risas la entrevista a un grano, habría analizado hasta la muerte al chico que me gustaba para saber si yo también le gustaba, habría hecho el test de la bipolaridad y me habría asombrado el resultado (que no pienso compartir).

¿A QUIÉN ENGAÑO? AUNQUE YA NO SOY ADOLESCENTE, LEÍ *A mí también* Y ME GUSTÓ.

Espero que este libro que tienes frente a ti esté también en muchas estanterías, habitaciones, mesas, pupitres, colegios e institutos, que se comparta entre amigas, en los recreos, en esas tardes de confidencias, en los cafés juntas... Que ayude a sentirse acompañado a cualquiera que esté pasando por la adolescencia.

ANITA MEJÍA

PERFECTA como soy

- CAPÍTULO 1 -

CUERPO

A MÍ TAMBIÉN

A MÍ TAMBIÉN

Me salen granos

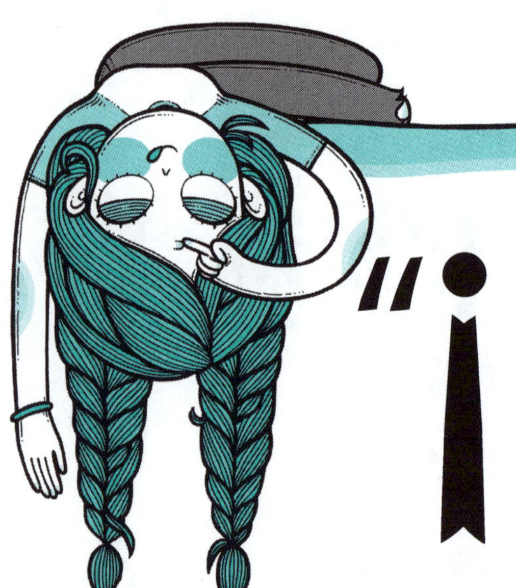

"¡Qué raro!", dijiste al mirarte al espejo y darte cuenta de que tu cara estaba grasosa y brillaba más de lo normal. ¿Acaso fue la crema nueva que compró tu madre? ¿Se deberá a que estaba haciendo mucho calor y sudaste muchísimo? ¿O a que te tocaste la cara después de haber comido unas patatas fritas? En fin, no le diste importancia, pero todo cobró sentido después, cuando viste que esas zonas centelleantes de tu rostro empezaban a mostrar granitos. Lo peor es que los infames se están multiplicando más rápido que una colonia de conejos. No falta el brote más osado que se instala en la punta de la nariz o en mitad de la frente, como si fuera el místico "tercer ojo" provocándote. Su arma blanca, esa punta filosa llena de pus, te reta y te llena de furia. Solo deseas que ese asqueroso enemigo desaparezca de tu cara, así que presionas con todas tus fuerzas donde está el grano y lo exprimes sin piedad... ¡Detente! Por desgracia, la guerra contra los granos no se gana espachurrándolos, el acné es una enfermedad de la piel, muy común en los adolescentes, y se ataca con la ayuda de especialistas. Pero no te preocupes, aquí te decimos cómo hacer frente a este problema.

ENTREVISTA A UN GRANO

Si pudieras hablar con tus granitos, esos enemigos que amenazan tu belleza física, tu estado de ánimo y tu amor propio, ¿qué te gustaría saber? Lo hemos hecho por ti...

♥ HAY CIENTOS DE CHICOS Y CHICAS QUE LO DETESTAN, ¿QUÉ OPINA DE ESTO?

Me siento hecho una porquería, las personas a las que invado me dicen: "Qué asco". No entendía por qué tanto desprecio y busqué ayuda profesional. Me acerqué a la doctora Rossana Llergo, dermatóloga miembro de la Fundación Mexicana para la Dermatología, para preguntarle de dónde vengo y adónde voy. Fue muy duro saber que soy un ente monstruoso que aparece frecuentemente cuando los humanos llegan a la adolescencia. Había escuchado que en esa etapa les pasan cosas extrañas y les sale vello.

♥ PERO VAYAMOS AL GRANO (SIN OFENDERLO). ¿ESO QUÉ TIENE QUE VER CON USTED?

¡Lo mismo pregunté yo! La doctora me explicó que la producción de hormonas como la testosterona es necesaria para la maduración sexual de los humanos, para que puedan tener hijos y esas cosas. Pero el aumento de esas sustancias estimula el crecimiento de las glándulas sebáceas... y es entonces cuando aparezco. Soy el resultado de una sobreproducción de sebo, y eso lo explica todo.

♥ ¿QUÉ LE GUSTA HACER EN SU TIEMPO LIBRE?

A veces me gusta quedarme encerrado en la piel, y entonces me llaman quiste. Pero, cuando quiero salir, me asomo por los poros para que me dé el aire y poder sentir los rayos del sol. Entonces me oxido, me pongo negro y las personas me llaman con otros apodos: punto negro o espinilla. En ocasiones pongo la piel tan roja e inflamada que causo unas lesiones que los expertos llaman pápulas. También me gusta explorar, y me extiendo a otras capas de piel más profundas y me multiplico causando unos bultos que los dermatólogos llaman nódulos. Mi naturaleza es demasiado compleja.

♥ ¿TIENE ALGÚN PLACER QUE LE PROVOQUE CULPA?

Les confieso que adoro inflamar la piel, infectarla, ponerla roja, empezar a brotar. Me gusta lanzarme al vacío, como cuando ustedes se tiran en paracaídas. Basta con que dos dedos humanos me estallen para salir volando y aterrizar en la piel cercana... En algunos casos llego hasta los espejos. ¡Me encanta la cara de asco que ponen todos cuando hablo de esto! (¿Verdad? ja, ja, ja).

A ella también

Aunque este tema es un poco delicado para Malena, de 14 años, comparte su experiencia con nosotros: "Me empezaron a salir granitos en la frente. La verdad es que al principio ni les di importancia, pero después comenzaron a hacerse más grandes y blancos. Me ponía el pelo en la cara para que no se me vieran y ya ni siquiera quería ir a clase. Sentía que toda la gente me veía fea y que les daba asco. Empecé a ponerme todo lo que mis amigas me decían: pasta de dientes, ajo machacado y no sé qué más, pero seguía igual o peor. Mi madre se dió cuenta de que ya no quería salir con mis amigos por lo mismo, así que me llevó a ver a una dermatóloga y ahora estoy en tratamiento. He mejorado un montón y poco a poco estoy tratando de salir de nuevo".

¿POR QUÉ A MÍ?

Es lo que muchas chicas se preguntan cuando empiezan a notar granitos en la cara, mientras que sus amigas tienen la piel lisa. Aquí tienes algunas causas por las que puedes ser más propensa. Entérate:

* **Los genes.** Cuando alguno de tus padres tuvo brotes de acné, es probable que hagan acto de presencia en los hijos. ¿Por qué no heredar mejor unos eurillos?
* **El estrés.** ¿Tu novio te hace enfadar? ¿Alucinas cuando llega la época de exámenes? Tu piel agradecerá que te calmes, los brotes son más severos cuando estás nerviosa.
* **Tu periodo.** No conforme con el drama sanguíneo, los granos aparecen con más frecuencia mientras estás en tus días.
* **Medicina.** También hay sustancias como el litio, el yodo y el bromo que favorecen la aparición de granitos. Pregunta a tu doctor si estás con un tratamiento específico.

GUERRA CONTRA LOS GRANOS

Preparamos al armamento más potente para poder aniquilar los granitos. ¡Al ataque!

* **Que no exploten como bombas.** ¿Cuándo es el momento preciso en el que puedes estallar un grano? La respuesta es ¡nunca! Los granitos son lesiones en la piel y, si haces aún más daño a tu cara, el resultado son cicatrices o manchas.
* **Cúbrete del ataque aéreo.** Una amiga te jura que sus granitos desaparecieron la última vez que fue a la playa y se puso morena. ¿Pero sabes qué? Es una trampa, una "cura" momentánea, pues en realidad los rayos UVa empeoran cualquier

tipo de acné. Por favor, no te tuestes al sol y usa siempre protector solar con FPS 30+ como mínimo y para piel grasa.

* **En paz con el agua.** Algunas chicas creen que lavando una y otra vez la piel se reduce el exceso de grasa, y es un error. Desafortunadamente, lo que están provocando es estimular más las glándulas sebáceas y darle otra dosis de irritación a la cara; solo necesitas lavarla dos veces al día: por la mañana y por la noche, eso sí, con productos para piel con tendencia a los granos.
* **Come conscientemente.** ¡Hasta ahora no hay nada claro con respecto a los alimentos que supuestamente empeoran el acné! Por ejemplo, la mayoría de los expertos asegura que el chocolate no tiene nada que ver con los granitos, pero también hay quienes juran lo contrario. ¿Qué debes hacer? Mientras los dermatólogos siguen investigando, intenta llevar una alimentación más saludable: se sabe que la vitamina A es buenísima, así que come zanahorias, brócoli y espinacas. También toma tus dos litros de agua para que la piel se hidrate desde dentro.
* **Alíate con expertos guerrilleros.** Los únicos que pueden ofrecerte un tratamiento efectivo son los dermatólogos; ellos saben combatir este problemilla de manera personalizada. Eso sí, deben ser médicos profesionales para que no agraven tu problema con productos milagro.

ATACA LOS BROTES INTERNOS

El paso más importante para hacerle frente al acné viene del fondo de tu corazón y de la seguridad de que puedes vencerlo. Ataca esos brotes de frustración, impotencia y miedo de esta manera:

* **Busca ayuda con tu familia.** Que no te dé vergüenza hablar del problema que quizás te ha llevado a sentirte triste, aislada de tus amigos y sin confianza en ti misma. Sincérate con tus padres, tíos, abuelos, primos mayores, profesores y convéncelos de que tu piel no está bien, que el diagnóstico es acné y debe tratarte un experto. Siempre habrá alguien que quiera y pueda ayudarte.
* **Aléjate de personas que te hagan sentir mal,** como las que dicen: "Ay, a mucha gente le pasa lo mismo, aguántate", o que te ignoran o te ponen apodos por el hecho de que tengas granitos.
* **No sientas que estás perdiendo la batalla.** Por más granitos que veas cuando estés frente al espejo, ¡no te desesperes! No hay una sola piel con brotes imposible de mejorar. Hay tratamientos cada vez más avanzados, como la fotodinámica, que reduce la producción del sebo y las bacterias.

PONTE A PRUEBA

Investiguemos qué más sabes sobre los granitos.
Contesta este test y aprende más.

1 Dicen que el ajo quema los brotes de acné. ¿Qué crees?

a) Leí en internet que el ajo tiene poderes antisépticos y antibacteriales.

b) Si no lo tolero en la comida, menos en mi cara. ¡Eso no sirve!

2 Tu abuelita tiene el mejor cutis y te confiesa que toda la vida ha usado su pomada mágica. ¿La usarías?

a) Mi abuelita tiene 70 años y en sus tiempos era la única crema que había. Ahora hay otras opciones.

b) Por supuesto. Correría a la farmacia más antigua para que me consiguieran tres tarros.

3 ¿Puedes usar hidratante facial cuando tienes la piel grasa?

a) No, la misma grasita de la cara es suficiente.

b) Sí, pero en gel y que no me tape los poros.

4 ¿Te puedes maquillar teniendo granitos?

a) Sí, pero deben ser cosméticos indicados para piel grasa.

b) No, el maquillaje y los granos no se llevan bien.

5 ¿El problema de los granos se acaba a los 25 años más o menos?

a) Sí, y ya quiero cumplirlos para librarme de estos granos malvados.

b) No, creo que puede continuar más allá de la adolescencia.

RESULTADOS Y SOLUCIONES

1. RESPUESTA CORRECTA: B

Que si el ajo triturado, la pasta de dientes, la cápsula de víbora de cascabel, la leche de cabra, el cartílago de tiburón, el tónico de ojo de gallina... ¡No, por favor! No experimentes con remedios caseros que te recomiende tu amiga o tu tía, la que sabe de hierbas; tampoco creas en los productos milagro. Lo único que se consigue con esto es dañar la piel y negarle un tratamiento de calidad.

2. RESPUESTA CORRECTA: A

Efectivamente. Por fortuna, hoy se sabe que existen diferentes tipos de piel y hay limpiadores y cremas especiales para cada necesidad. En tu caso, requieres productos dermatológicos especiales para piel mixta, grasa o con tendencia acneica, libre de aceite (hecho a base de agua) y no comedogénica (que no obstruya los poros).

3. RESPUESTA CORRECTA: B

¡La grasa de los granos no sirve como hidratante! Comprueba por qué: la piel tiene varias capas, y la primera de ellas es la epidermis —mezcla de agua, sudor y grasa—, que sirve de protección. El gel hidratante aporta el agua que esa capa necesita para equilibrar la producción de sebo. Se aplica después de la limpieza, también por la mañana y por la tarde.

4. RESPUESTA CORRECTA: A

¡Claro que se puede! También hay maquillaje dermatológico para piel grasa y es tan eficiente que tapa lesiones y manchas profundas como las del acné. La norma es desmaquillarte siempre.

5. RESPUESTA CORRECTA: B

Los cambios hormonales pueden hacer que las mujeres tengan brotes de acné. Incluso, podría ser un síntoma de problemas de salud como ovario poliquístico.

En voz del experto

De acuerdo con la dermatóloga Rossana Llergo, no hay que esperar a que los granos invadan tu cara, espalda y cuello para acudir a un especialista. Lo mejor para evitar brotes de acné es ir a un dermatólogo justo cuando percibas una excesiva producción de sebo.

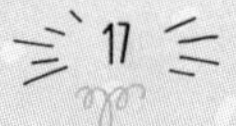

A MÍ TAMBIÉN

Me incomodan mis pechos

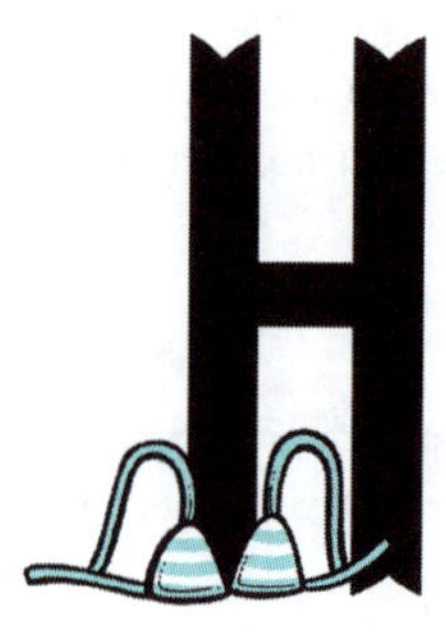

Hasta hace poco, tu pecho era plano y prácticamente ni te enterabas, así que casi no te dabas cuenta de que estaba ahí. Te gustaba ponerte una camiseta ajustada, disfrutabas saltando y las bajas temperaturas del ambiente te tenían sin cuidado. Hasta ahora, que, literalmente y delante de ti, explotaron dos pequeñas protuberancias, extrañas y molestas. Tu situación ha cambiado: ¿ponerte algo pegado? ¡Imposible! ¿Saltar y correr para coger un balón? ¡Ni pensarlo! Tus pechos se han desarrollado y experimentas la gravedad y su bamboleo. Ellos están aquí para quedarse e informarte de que ya no eres una niña. Llegó la hora de usar sujetador, ¡OMG!

SÍMBOLO DE FEMINEIDAD

Las mujeres somos los únicos mamíferos que desarrollamos los pechos mucho antes de que los necesitemos para la lactancia. Los senos están compuestos, entre otras cosas, por glándulas, grasa y colágeno, el tejido que los mantiene firmes. Poseen una función biológica asignada: la producción de leche que alimentará a los bebés que igual tendrás algún día. Los pechos, senos, o tetas te acompañarán toda tu vida, y más vale que los conozcas y sean tus amigos.

DESDE EL VIENTRE

Tus senos no empezaron a desarrollarse en la adolescencia, su formación comenzó cuando estabas en la tripa de tu madre. Cuando eras un feto inició el engrosamiento en la zona del pecho, llamado borde mamario o línea mamaria. Al nacer, ya tenías formado el pezón y un sistema de conductos lácteos, ¡así como lo lees! Obviamente, los cambios que experimentan continuarán toda la vida. Sin embargo, son más evidentes en la pubertad, cuando las glándulas mamarias, influidas por las hormonas (estrógenos), dan las primeras señales de vida: la grasa en el tejido se acumula, y de pronto...

¡Ahí están! ¿Cuándo inicia y termina este proceso? Solo tu cuerpo lo sabe, y es diferente para cada chica.

IGUALES PERO DIFERENTES

Tus senos no son como los de tus amigas, ¡deja de comparar tu escote con el suyo! Hay tantos tipos de ellos como mujeres en el mundo, y su desarrollo no es idéntico para todas. Seguro que conoces a esa despampanante chica de 14 años que ya tiene mucho pecho y a otra de la misma edad ¡que tiene el pecho de un chico de 10 años!

A ella también

A pesar de que vemos a cientos de mujeres por la calle, a veces no nos damos cuenta de que en algún momento nuestros senos crecerán, como le pasó a Ale, de 15 años: "Creo que todas las chicas nos sentimos raras al entrar en esa nueva etapa. No estamos listas para ver cómo nuestros senos crecen ante nuestros ojos, no entendemos lo que estamos viviendo, pero al final aprendemos a aceptar que es algo natural. Yo lo disfruté mucho y puedo decir que me sentí más femenina e incluso cambió mi manera de pensar. Me sentí más mujer".

¿SABÍAS QUE...?

Según un estudio de la Universidad de Kentucky, fumar provoca la caída de los senos porque rompe la elastina, una proteína de la piel que hace que tu pecho esté firme y joven.

PONTE A PRUEBA

¿Crees que tus pechos son solo un accesorio? ¿Te gustaría ponerte implantes? ¿Duermes con sujetador? Responde las siguientes preguntas y averigua si eres una especialista en pechos.

1 Durante la adolescencia es normal que tus pechos se vean aplastados y salga un líquido blanco de los pezones.

a) Sí, es parte de su desarrollo.
b) No, ¡eso no es normal a ninguna edad!

2 Como soy adolescente no hace falta que aprenda lo que es la autoexploración mamaria.

a) Cierto, eso es para mujeres mayores.
b) Todas las mujeres debemos conocer cómo realizarla, ¡a cualquier edad!

3 Los pechos grandes son más sexys y a los chicos les gustan más.

a) Sí, por eso estoy tentada a pedir mis padres unos implantes cuando cumpla 18.
b) No, lo importante es lucirlos bien y estar segura de una misma.

4 Es bueno dormir con sujetador para evitar la flacidez.

a) Seguro. Si es con aros y superajustado, ¡mejor!
b) ¡Para nada! Hay que dejarlos descansar con una camiseta suave de algodón.

5 Existen píldoras y hasta pomadas naturales que ayudan a que los pechos crezcan más y se vean mejor.

a) Claro, yo me estoy poniendo una crema por las noches ¡y ya veo la mejoría!
b) Jamás me atrevería a echarme una cosa de esas, ¡qué miedo!

MAYORÍA DE A

¡No te creas todo lo que escuchas! Cualquier secreción líquida del pezón es anormal y debes acudir con un médico a que te revise ¡ya! Y no, el cáncer de mama no es una enfermedad de mujeres mayores, TODAS debemos estar preparadas para hacerle frente. ¿Cómo? Por medio de la autoexploración mensual de senos (en este capítulo aprenderás cómo). No hay evidencia científica de que dormir con sujetador cause cáncer de mama, lo negativo es sentirte incómoda al descansar. Por otro lado, el tamaño y forma de tus senos están determinados genéticamente, así que nada puedes hacer para cambiarlos. ¿Recurrir a una cirugía de agrandamiento de senos siendo tan joven? ¡No es buena idea! Deja que la naturaleza haga lo suyo, espera a que terminen de crecer y después de algunos años podrías considerarlo, pero ¿por qué exponerte a complicaciones y dejar que te corten el pezón (y lo cambien de lugar) para introducir una bolsa con líquido salino, cuando existen sujetadores con relleno? ¡Piénsalo!

MAYORÍA DE B

Eres una chica bien informada y nos alegra mucho decirte que estás en paz con tu cuerpo. Conoces los riesgos de automedicarte y ni loca crees que unos pechos enormes te hacen más sexy. Eres más que la copa de tu sujetador y eso te hace atractiva a los ojos de los chicos, ¡felicidades! Eso sí, no bajes la guardia, realiza la autoexploración de senos cada mes y comparte la información con tus amigas, con tu madre, hermanas y primas.

SOY UN MONSTRUO

No importa lo que te digamos: te sientes extraña y no acabas de acostumbrarte al nuevo aspecto de tu cuerpo. Incluso te imaginas haciendo castings para el circo de los horrores, pues tienes la certeza de que uno de tus pechos es más grande que el otro, crees que uno está más arriba que el otro o que parecen helados a punto de derretirse bajo el calor de la playa con 35 ºC a la sombra. Hasta crees escuchar tu presentación: “Pasen, pasen y vean a la asombrosa chica de pechos de extraterrestre, acérquense y sorpréndanse con este fenómeno de la naturaleza...”. ¡Tranquila! Aunque parezca que tardan mucho en crecer, su desarrollo es normal. Además, no existe la simetría perfecta en los senos. De acuerdo con un estudio de la revista *Annals of Plastic Surgery*, el izquierdo suele ser más grande que el derecho.

Conoce las etapas de desarrollo de los senos que la Universidad de Medicina de Chicago identifica. Quizás después de esto puedas dormir mejor...

ETAPA 1	En este periodo solo la punta del pezón está levantada, no hay bultos y tu pecho es plano.
ETAPA 2	¡Empieza el cambio! Los pechos y los pezones han crecido y la areola (zona más oscura y rugosa que rodea al pezón) se extiende. Tus senos se ven como una leve inflamación sobre el pecho.
ETAPA 3	¡Ya están tomando forma! Ahora son un poco más grandes gracias a la presencia de tejido glandular mamario.
ETAPA 4	Ahora sí todo tiene sentido: la areola y el pezón se levantan para formar un segundo montículo sobre tu seno.
ETAPA 5	Tus pechos ya están formados, ¡maduros! Adquieren una forma más redondeada y solo sobresale de ellos el pezón.

DE LA CAMISETA AL TOP

En esta etapa es común que algunas chicas empiecen a caminar encorvadas para hacer menos evidente que sus pechos están creciendo; otras se cubren con sus libros o usan camisetas o sudaderas superholgadas para evitar que las miradas se centren justo "ahí". Seguro que te identificas con las acciones anteriores y hasta has implementado algunas nuevas, como ponerte un fular o una bufanda sobre el pecho.

Si tus incipientes senos aún no llenan la copa A de un sujetador y las camisetas clásicas de las niñas no logran cubrirte adecuadamente, pues hacen que se te trasluzca el pezón y no te dan soporte, ¿qué debes hacer? Antes que nada, habla con tu madre sobre de estos cambios en tu cuerpo, ¡y deja de deprimirte! Afortunadamente, para esta transición existe algo llamado top, una prenda femenina intermedia entre un señor sujetador y una camiseta infantil. No es tan estructurado, pero ya tiene tirantes ajustables, tela más gruesa y suave que impide las transparencias y, sobre todo, te hace sentir segura. No te escondas, deja de modificar tu postura y vuelve a caminar derechita con su ayuda, hasta que estés...

¡LISTA PARA UN SUJETADOR!

En este periodo necesitas de un amigo incondicional que te haga más sencilla la transición. Es aquí cuando el sujetador cobra importancia, pues tu bienestar y comodidad dependerán de la elección correcta. Aquí algunos consejos para elegirlo:

♥ CONOCE TU TALLA CORRECTA

¿Qué es la copa? ¿Por qué parece que tienen dos tallas? La medida de un sujetador está formada por la banda y la copa. Coge un metro y mide tu tórax por debajo del busto. Anota esa medida y redondea ese resultado al siguiente número par. ¡Esa es la talla de la banda! Para saber tu copa, haz lo mismo, pero al nivel de los pezones, sin aplastarlos. A ese número réstale la cifra de tu tórax. La diferencia te dará tu medida de copa. Si la resta es menos de 14 centímetros, tu copa es la A, de 14 a 15, la B, de 16 a 17 es la C, de 18 a 19 es la D y de 20 a 21 te corresponde una copa E. Para saber que usas la talla correcta, debes sentirte cómoda, no debe apretarte ni estar flojo; y si se desborda, ¡estás usando una talla muy pequeña! Además los pezones deben estar en el centro. ¡Fácil! ¿No?

♥ MODELOS, COLORES Y FORMAS

Un buen sujetador te ayudará a verte bien, mejorará tu postura, evitará dolores de espalda y te hará sentir más guapa y femenina. Estos son algunos de los modelos más populares:

* **De aros.** Sirven para separar y levantar el busto.
* **Sin costuras.** No tienen detalles que se noten bajo tu ropa.
* **Halter.** Con tirantes alrededor del cuello para usar con camisetas o camisas sin mangas.
* **De media copa.** Ideal para prendas escotadas.
* **Deportivo.** Úsalo durante tus sesiones de deporte o ejercicio.
* **Sin tirantes.** Para vestidos o blusas con hombros descubiertos.

En voz del experto

Mira lo que la doctora Anameli dice al respecto:

* "Las adolescentes que viven cerca de la costa tienen un desarrollo más temprano que el de las chicas que viven en un lugar frío, pero el promedio de inicio del desarrollo de los senos es entre los 12 y los 13 años de edad".

* "Si una chica es la primera de su grupo de amigas en desarrollar sus pechos, lo más seguro es que no esté muy contenta, se va a sentir diferente y tratará de esconder lo que le está pasando. En cambio, la última en experimentar este desarrollo disfrutará más esta etapa".

* "Los senos se van desarrollando poco a poco y no siempre están a la misma altura ni son del mismo tamaño. El desarrollo del pecho empieza con el botón mamario, y en la adolescencia es normal sentir una especie de bolitas. A veces, cuando las chicas notan esas protuberancias, lo primero que les viene a la mente es el cáncer de mama, ¡y... para nada!".

* "Al hablar de senos debemos querernos como somos y entender que nuestro cuerpo es obra de la herencia familiar. Tenemos que aceptarlo y quererlo como es, y no intentar parecernos a modelos que nada tienen que ver con nosotras".

UN LAZO ROSA

Seguro has escuchado hablar de eventos, carreras y venta de productos rosas con un lazo de ese color. Su objetivo es financiar las investigaciones para combatir el cáncer de mama. También es probable que sepas de alguien que lo padece o hayas tenido la triste experiencia de perder a una mujer querida o cercana por esta enfermedad terrible. Por ello es importante estar informadas. Aunque este padecimiento es excepcionalmente raro en la adolescencia, tenemos que hablar del tema.

Para la prevención y control del cáncer de mama te recomendamos esta guía que debes memorizar y poner en práctica cada mes, después de tu periodo menstrual. ¿Lista? ¡Manos a los pechos!

EXPLORACIÓN MAMARIA

Debe realizarse de forma suave, usando los dedos.

Debes dividir mentalmente tu mama en cuatro cuadrantes, trazando dos líneas: una longitudinal y otra transversal, que pasen por el pezón.

Acostada y con el tórax descubierto, coloca una almohada o toalla en la espalda del lado del seno que vas a revisar.

Inicia con el cuadrante inferior externo, siguiendo una serie de líneas, que pueden ser:

PARALELAS:
De la clavícula al surco submamario.

RADIADAS:
Del borde de la mama hasta el pezón.

CIRCULARES:
Desde el pezón hasta los bordes mamarios.

Los cuadrantes internos se exploran con la misma técnica, pero con los músculos pectorales contraídos, lo cual se logra al elevar el brazo formando un ángulo recto con el cuerpo.

La exploración del pezón debe realizarse cuidadosamente, con la intención de detectar alguna anomalía en la forma, el color, la textura o la presencia de bultos extraños que antes no estaban.

Al final de la exploración debe realizarse presión sobre la mama hacia el pezón, de forma suave, con la intención de detectar secreciones anormales.

A MÍ TAMBIÉN

Se me manchó la falda

Y ahí está: justo en medio de tu inmaculada falda. Te parece que se ve enorme y fresca como un tomate, ¡qué mala pata! Te ha bajado justo hoy, pero la esperabas... ¿mañana?, ¿pasado mañana? Esa mancha roja y escandalosa te ha hecho sudar la gota gorda. ¿Levantarte del pupitre? ¡Imposible! ¿Caminar con la espalda pegada a las paredes? ¡Menos! Y ahora... ¿qué vas a hacer?

MISIÓN IMPOSIBLE

Aunque ya hace unos meses o quizás un año que pasaste la menarquía o primera menstruación, aún no sabes con exactitud cuándo ni dónde te va a llegar, te confundes con los 28 días y a veces con los 26... Es tan complicado... A decir verdad, tus reglas son muy impuntuales y llegan sin avisar. Piensas que es inútil estar "preparada", pues te sorprenderá igual, aunque hayas leído un montón sobre ella y sepas ponerte un tampón o el método que hayas decidido utilizar para controlar tu flujo menstrual.

¿ALIADA O ENEMIGA?

La menstruación es superimportante para todas las chicas, no solo a nivel físico, sino también emocional: ¡la pubertad ha llegado! Los indicios cada mes son cólicos o espasmos en la zona de la pelvis, sensibilidad, llanto, cambios de humor, dolor de senos, de cabeza y hasta calambres en las piernas. Incluso hay chicas que se sienten mal o tristes, ya que se trata de un proceso hormonal.

De acuerdo con lo anterior, no te queda otra que respirar profundo, sacar pecho, echar la cabeza hacia atrás, y sacar fuerzas para superar todos esos inconvenientes que te dan la lata en este momento del mes.

¿SABÍAS QUE...?

Aunque en el siglo XXI la menstruación se percibe como algo normal, hay culturas que aún la ven con cara de "what?". Por ejemplo: en Papúa Nueva Guinea, algunas tribus encierran a las mujeres en cabañas cuando tienen su periodo, donde permanecen entre ocho y diez días. Creen que si una gota de sangre toca el suelo, una tragedia podría azotar a todo el pueblo.

SENTÍ EL BAJÓN

Estás sentadita en la clase de Química, sin entender que "el manganeso es un metal de transición, blanco grisáceo parecido al hierro", cuando sientes el superbajón de la vida, ¡horror! Parece que la mitad de tus entrañas está bajando por tu vagina. Tus ojos se abren como platos y tienes el impulso de levantarte rápidamente de tu pupitre en un efecto resorte, pero no te atreves, porque igual ha desencadenado consecuencias dramáticas como haberte manchado la falda...

A ella también

Brisa (14 años) comparte con nosotros lo que significó para ella mancharse, y asegura que es algo "normal" que les pasa a casi todas las chicas, sobre todo en Secundaria: "Sí, yo estoy en primero y una vez me sucedió en la escuela; afortunadamente mi mejor amiga lo vio y me avisó para que nadie se diera cuenta. En cuanto pude, hablé con mi tutora y ella me dijo cómo quitar la mancha, me dio un algodón con agua oxigenada para limpiar mi falda y la sangre se quitó casi por completo. Es bueno que una amiga te avise cuando ocurre un accidente, aunque eso tampoco evitó que me sintiera apenada".

NOVATADA HORMONAL

Mancharse exhibe a las chicas en cierto modo. Hay chicas a las que les sucede y se lo toman de manera natural, como un accidente, así que dicen: "Sí, me manché, no pasa nada", se ponen la chaqueta en la cintura y ya está. Sin embargo, hay otras que se preocupan muchísimo, se sienten mal y no saben cómo reaccionar, incluso son el blanco de burla de sus compañeros, cuya ignorancia les impide ver que es algo natural. Por lo anterior, este momento puede convertirse en algo traumático.

En voz del experto

Jeni Fermín, quien además imparte talleres y asesorías para padres y adolescentes asegura que las amigas son básicas en estos momentos ya que, cuando hay un grupo de chicas pendientes unas de otras, existe complicidad y empatía. Frases como "Oye, ¿me avisas si me mancho?" o "¿Se me nota la compresa?" ayudan a las chicas a sentirse mejor; incluso hay algunas que se atreven a hacerles la misma pregunta a los chicos de su clase con los que tienen más confianza, porque también es algo natural. Desafortunadamente hay chicas que sienten demasiado temor de vivir esos días en la clase porque se les olvida la fecha de su próxima menstruación y tienen miedo de mancharse y que alguien se de cuenta de ello.

DÍAS DE FELICIDAD

Si bien no puedes controlar que la gente desinformada pueda hacer bromas, es importante que entiendas que mancharse no es algo malo ni te va a marcar de por vida. Menstruar es un proceso natural y, si te ocurre un sangrado accidental, que incluso se quede en la silla, ¡no te alarmes! Eres nueva en este asunto y estar pendiente de tu flujo no es fácil; quizás no tienes muy claro cuándo tienes que cambiarte y cómo evitar que se desborde. La buena noticia es que, si sigues algunas reglas sencillas, podrás prevenir esa mancha que te da tanta vergüenza.

* **Rompe con los mitos.** La menstruación no es algo negativo y mancharse la ropa no debe ser vergonzoso. La sangre no es sucia ni huele mal, pero cuesta trabajo aceptar que es un proceso natural del cuerpo, que simplemente está desechando algo que ya no necesita.

* **Lleva un calendario.** Toma nota de los días de sangrado y su duración, así sabrás cuándo llegará tu próxima menstruación y jamás te pillará desprevenida.

* **Usa salvaslips.** Cuando tengas la sospecha de que te puede bajar la regla, te conviene tomar precauciones. Los salvaslips son más pequeños, delgados y cómodos, y podrían salvarte de un accidente.

* **Una aliada en tu mochila.** No importa que tu menstruación haya sido hace dos días, lleva siempre contigo "municiones" por si acaso.

* **Cámbiate.** Si utilizas tampones o compresas, no debes tenerlos puestos más de cuatro horas seguidas.

* **Usa el método adecuado.** Tienes que fijarte en si tienes un flujo normal o abundante (los especialistas señalan que la cantidad total de flujo menstrual oscila entre 40 y 50 ml).

* **Compresas.** ¿Sientes que las compresas son enormes? No eres la única. Algunas chicas aseguran que son gigantescas y horribles. Afortunadamente, en el súper hay millones de opciones que se pueden adaptar 100 % a ti. Prueba marcas y estilos hasta dar con la que te sientas mejor.

* **¿Y los tampones?** Son una opción sobre todo para los días en los que tienes clase de Educación Física. Son discretos y te permiten moverte sin que te preocupes por nada.

- **Compresas nocturnas.** Evita esas discusiones con tu madre por las manchas en las sábanas. Hay marcas que proporcionan comodidad, se ajustan a tu flujo y a tu ropa interior.

- **Copa menstrual.** También existe la copa menstrual, la cual algunas chicas han adoptado como alternativa para el cuidado del medio ambiente y para no contribuir a la contaminación con las compresas y tampones. La ventaja es que se compra una vez y tiene un promedio de vida de un año y medio a dos, según su cuidado. Algunas chicas dicen que es cómoda y no es dolorosa, ¡además de que no se te escapa nada durante doce horas! Existen tres tipos: de látex, de silicona o de plástico quirúrgico. Su desventaja es el lavado, si te pilla fuera de casa. Debe lavarse con jabón neutro y esterilizarse en agua hirviendo.

CONSEJOS DE CHICAS COMO TÚ

Hay chicas que llevan ropa interior de repuesto en el bolso por si acaso. Hay quienes no dudan en emplear el viejo recurso de anudarse la chaqueta a la cintura, ¡aunque haga frío! "No es taaaaan obvio y se ve casual", dice Zayde, de 15 años.

OTRAS COSAS QUE PUEDEN HACERTE SENTIR MÁS SEGURA:

- **Las compresas no "suenan".** Cuando caminas no se escucha como si tuvieras una bolsa de patatas fritas entre tus piernas; el sonido de la fricción de sus componentes es imperceptible para oídos humanos.
- **Los chicos no lo saben.** Es verdad que al principio tu forma de caminar puede delatarte, pero con el paso de los meses te darás cuenta de que lo haces de manera tan normal y natural como antes.
- **Nadie huele el flujo.** Si sigues las reglas básicas de higiene —cambiarte al menos cada dos horas (si tu flujo es normal y no abundante), ducharte a diario, limpiarte adecuadamente cuando vas al baño y cambiarte de ropa interior todos los días, ¡ni el mejor sabueso lo notará!
- **No te transformas en un monstruo.** Que no le achaquen tu mal humor a que "estás en tus días"; toma algo para el dolor y olvídate de los malestares.
- **Todo es normal.** ¡Como en cualquier otro día! No te prives de hacer deporte, salir a bailar y usar tu ropa favorita, aunque sea blanca o muy clarita.

TRAUMATIZADA DE POR VIDA

Recuerda, no eres la única con una manchita en los vaqueros, en las sábanas o en la falda; saber que a muchas chicas y A mí también nos ha pasado te debe hacer sentir mejor. Nadie ha muerto en el lugar de los hechos... ¡ni lavando una falda!

A MÍ TAMBIÉN

Me saca de quicio mi vello

Las leyendas de terror a veces se hacen realidad y las chicas somos protagonistas de un cuento casi macabro cuando llega la pubertad. Aunque parezca una historia de ciencia ficción, no lo es: quienes ya la vivieron darán testimonio de que lo que escribimos es verdad y, para quienes aún no la hayan padecido, tarde o temprano les pasará. La profecía dice así: "No importa en qué fase esté la luna, que sea viernes 13 o que un perro rabioso te haya mordido cuando eras niña; una tarde cualquiera, cuando menos te lo esperes, mientras te estés duchando y estés distraída, te darás cuenta de una transformación inesperada. Alzarás los brazos y, en la piel de las axilas, hasta entonces suave como un melocotón, encontrarás pelos gruesos y negros como la noche. ¡Aaaaaaah...! ¡Tal es el trauma que algunas sentirán que se transforman en hombre lobo en plena luna llena e incluso tendrán un deseo incontrolable de gritar y aullar! ¡Y la historia no termina aquí! Días más oscuros están por venir y hay que estar preparadas. Esos pelos negros seguramente se extenderán como una plaga sin control por axilas, zona genital, piernas y bigote". De ti depende hacer más amigable esta transformación y que el final de esta historia, hasta ahora tétrica para muchas, sea mucho más bello, aun con vello. ¡Verás qué fácil!

A ella también

"Me empezó a salir pelo en la cara y me sentía horrible porque tenía más que los chicos. Un día, cuando empecé la ESO, me valió todo, cogí la cuchilla de mi padre y me quité el bigote. Fueron tres días increíbles, pero cuando empezó a crecer fue una pesadilla, porque empezaron a salirme picudos. Lo bueno es que mi madre se dio cuenta de mi drama y me llevó a un centro en el que depilaron con cera. Desde entonces me quitan ese horrible mostacho". Sonia, 15 años.

PONTE A PRUEBA

Alucinaciones peludas... ¿Te traumatizan los pelos? Lee cada situación y marca la respuesta con la que te identificas.

1 Te toca clase de Educación física y debes ponerte el pantalón corto, pero tus piernas son algo velludas. ¿Qué piensas?

a) Me da igual y me lo pongo. Total, se ven solo si te fijas mucho... ¡casi con lupa!

b) Finjo que tengo dolor de estómago, antes de exhibir el peluche de mis piernas por todo el cole.

2 Si ves por la calle a una mujer con la axila llena de pelos, eres la primera que exclama:

a) ¡Qué estilo más hippie!

b) ¡Qué asco! ¿No se da cuenta de que se puede incluso hacer trenzas?

3 ¿Qué piensas del entrecejo de Frida Kahlo?

a) ¡No me la imagino de otro modo! Sus cejas y bigote forman parte de su encanto.

b) Unas pinzas de depilar o un poco de cera y habría estado guapísima.

4 Si fueras adulta y tuvieras dinero para quitarte el vello de todo el cuerpo con láser... ¿lo harías?

a) No, mejor me lo gasto en comprar ropa o irme de viaje.

b) Sí, me encantaría estar suavecita y libre de pelos.

5 Tu mejor amiga te dice que si te echas cerveza en el vello y te pones al sol media hora ¡se te aclaran de inmediato! Tu siguiente paso es...

a) No le hago caso a mi amiga, se inventa cada remedio...

b) Cojo clandestinamente unas cervezas de casa, me baño en ellas y me tiro al sol tres horas.

RESULTADOS

MAYORÍA DE A

No tienes ningún problema con tu vello, pues sabes que a todo el mundo le sale y que la felicidad no depende de usar o no una máquina depiladora.

MAYORÍA DE B

¡Estás obsesionada con tus pelos corporales! ¡Si por ti fuera, te pasarías la cuchilla por todo el cuerpo! Será mejor que entiendas su naturaleza y aprendas a lidiar con ellos.

HISTORIAS PELIAGUDAS...

Antes de que se te pongan los pelos de punta, queremos aclararte algunas cosas acerca de tu vello. Y, aunque estas dudas tienen títulos que dan miedo, te aseguramos que las explicaciones no son nada descabelladas.

EL ORIGEN DEL MAL

"¿Por qué tenemos pelos? ¿Sirven para algo o solo estorban?"

¡Tranquila! Hay un motivo para que tu vello esté ahí: su función principal es de protección. El pelo que te sale en la cabeza, por ejemplo, actúa como barrera contra los rayos del sol y para que el cuerpo no se caliente de más. Las cejas y las pestañas funcionan como escudo para evitar que entren bacterias y otros cuerpos extraños en el ojo (o por lo menos que no se metan con tanta facilidad). E incluso los pelitos de los conductos auditivos también tienen la función de dar lubricación y cuidar que nada invada el tímpano.

MÁS NEGROS QUE LA NOCHE

"Si de pequeña no tenía vello, ¿por qué ahora me está saliendo ese pelo oscuro y grueso?"

Debes saber que toda nuestra superficie cutánea está cubierta de vello y lo has tenido siempre. Es más, hasta podemos apostar que cuando eras bebé ¡eras más peluda que ahora! Como la dermis de un feto es tan delicada, se forma además una clase de alfombrita peluda llamada lanugo que puede quedarse en la piel hasta unos meses después de nacer, ¡tal cual! Y ahora que te llegó la pubertad, la hipófisis, esa glándula de crecimiento, ha dado instrucciones a tus hormonas para que te crezca el vello grueso en zonas como el área genital y las axilas.

CASO SINIESTRO

"Tengo mucho vello en las piernas y no sé hasta qué punto es normal. ¿Cómo puedo saberlo?"

La cantidad y el grosor de tus pelos dependen de tu raza y de cuestiones genéticas, por lo que será de lo más normal que algunas chicas tengan los brazos peluditos y otras no tanto; por ejemplo, hay algunas a quienes les puede crecer el vello en el pubis y abarcar la cara anterior de los muslos. Existe una patología relacionada con el crecimiento excesivo de vello en las mujeres, se llama hirsutismo y se caracteriza porque a las chicas les sale pelo en el pecho, espalda, patillas y barba. No estaría nada mal que fueras al dermatólogo para que te ayude a valorar qué es normal y qué es patológico.

¿SABÍAS QUE... ?

EL VELLO QUE NO TIENE NINGUNA RAZÓN DE SER ES EL AXILAR, PUES SON VESTIGIOS DE LA EVOLUCIÓN HUMANA. ¡OHHH!

MITO DEL MÁS ALLÁ

"¿Es cierto que las chicas peludas somos menos femeninas?"

¡Eso es solo un estereotipo! O sea, que te depilas y por arte de magia, ya eres más femenina. En un mundo sin etiquetas, molaría que cualquier chica presumiera de los pocos o muchos pelos que la naturaleza le ha dado. Pero en la sociedad que vivimos el vello de las mujeres se considera antiestético. Los andrógenos como la testosterona se encargan de que a los hombres les salga más vello y mucho más grueso en axilas, bigote, barba y pecho. ¿Pero qué pasa con las chicas que por cuestiones de raza o genética tienen mucho vello? Pues deben romper con varios estereotipos y ser conscientes de que la femineidad es una actitud. No deben sentirse "menos mujeres" por haber nacido con mucho pelo en el cuerpo.

DEPILACIÓN A TU MEDIDA

Ser femenina es una cuestión de actitud, pero a veces demasiado bigote y vello en las piernas podría hacerte sentir incómoda. No te preocupes, aquí te damos algunas opciones de depilación, las ventajas y posibles desventajas de cada una. ¡Toma nota!

1 CUCHILLA

Las hay de diversas calidades y hojas (hasta cuatro), también desechables o con cabezas intercambiables. Las más sencillas tienen una banda suave para no irritar la piel, y algunas más modernas cuentan con gel, que al contacto con el agua desliza mejor.

Paso a paso:

a) No te rasures en seco. Humedece la zona que vas a depilar con agua y jabón, gel o espuma para afeitar.
b) Desliza la cuchilla en dirección opuesta al crecimiento del vello.
c) No la pases una y otra vez en una misma zona para no irritar la piel.
d) Enjuaga superbién e hidrata tu piel después.

- **Lo bueno.** Te quitas el vello de forma rápida y segura, pues solo lo eliminas al ras.
- **Lo malo.** Sus hojas te pueden cortar si no la usas con cuidado. Además, el efecto de la piel tersa dura muy poquito.
- **Puedes usarla en** piernas y axilas, ya que no daña las glándulas sudoríparas, a diferencia de la cera. Para el vello facial ni lo intentes.

2 CERA

Hay dos tipos de ceras: calientes y frías. Las calientes se meten en el microondas o al baño maría para que la cera se derrita antes de aplicarse en la piel. También las hay con un minicalentador para que lo conectes a la corriente y se haga líquida. Las frías vienen adheridas a unas tiras que se pegan en la piel para arrancar los pelos.

Paso a paso:

a) Si eliges este método de depilación, la piel debe estar seca.
b) Prueba la temperatura de la cera poco a poco en la mano antes de aplicarla en zonas tan sensibles como la cara, no te vayas a quemar.
c) En el caso de la cera caliente, aplícala sobre la piel con la espátula y en dirección al crecimiento del vello. Espera a que seque un poco, pero que siga siendo flexible.
d) Respira fuerte y, sin pensarlo mucho, tira fuerte en dirección opuesta al crecimiento del pelo.

e) Quita el excedente de cera con un algodón impregnado de aceite de almendras dulces.

* **Lo bueno.** Aunque parece sencillo aplicar la cera sobre la zona a depilar y arrancar las tiras, el proceso de eliminar el vello de esta manera es algo más lento. La ventaja es que al arrancarlos de raíz tardarán un poquito más en salir de nuevo.
* **Lo malo.** ¡Aunque se trate de cera fría, arrancar los pelos de un tirón duele hasta las entrañas! Te sacará algún que otro gritito, sobre todo si no estás acostumbrada. Además puede causar irritación. En el caso de las ceras calientes, si no tienes cuidado, las quemaduras pueden ser peligrosas y ocasionar infecciones y cambios en la pigmentación de la piel (manchas).
* **Puedes usarlas en** rostro, axilas, piernas, muslos y área del bikini.

3 CREMA DEPILATORIA

En crema, mousse o gel, este tipo de productos para depilar actúa debilitando químicamente las dos capas de las que está formado un pelito: la cutícula, que es la más superficial, y el córtex, la capa interna. ¡Funciona como si se desintegraran todos tus pelillos!

Paso a paso:

a) Por ser un producto químico podrías tener reacciones, por lo que es básico que antes de echártelo hagas una prueba de alergia en una zona pequeñita. Si tu piel no sufre cambios, continúa, pero si te salen ronchas o rojeces no sigas.
b) La crema debe cubrir la zona que vas a depilar. La mayoría de estos productos viene con un aplicador especial para que no tengas que tocar la crema con las manos.
c) Debes esperar entre 5 y 10 minutos a que actúe el producto.
d) Enjuaga con agua tibia hasta que la piel no esté pegajosa y hayas retirado todos los residuos de la crema o mousse.

* **Lo bueno.** El efecto de suavidad es más efectivo que con la cuchilla, y algunas las puedes utilizar comodamente en la ducha... ¡pero mucho cuidadito de no desperdiciar el agua, eh!
* **Lo malo.** Si tienes una cita, eso de esperar a que la crema haga efecto puede desesperarte. Por otro lado, hay pelos resistentes que se niegan a desintegrarse y no se caen, así que después de aplicarte la crema o mousse hay que hacer una revisión para localizarlos y arrancarlos con pinzas. ¡Ah! Y su olor no es precisamente el más agradable, te puede picar la nariz.
* **Puedes usarlas en** axilas, piernas y muslos.

VELLO A FUTURO

¡No es magia! Existen métodos de depilación que eliminan el vello durante mucho más tiempo (aunque no de forma definitiva), por medio de láser y luz pulsada intensa. Pero no te convienen todavía, pues en esta etapa de tu vida los pelos te seguirán saliendo y no obtendrás los mejores resultados.

OTROS CONSEJOS... ¡QUE TE VIENEN AL PELO!

- **Haz tu diagnóstico.** A veces nos sentimos monstruosas y montamos un pollo por unos pelillos en las piernas o en otra zona del cuerpo que la verdad ni se ven. Si es tu caso, no te le des más importancia y déjalos ahí.
- **Cada cosa en su lugar.** Si el envase de tu cera o crema dice que sirve para eliminar el vello de las piernas, no lo uses para el bigote, y viceversa. Si quieres tener buenos resultados, respeta las instrucciones de cada producto.
- **Compra tus propias herramientas.** No te quites el vello de las piernas con la cuchilla que usa tu padre para arreglarse la barba. Como una maquinilla de afeitar es un objeto cortante, podría ser fuente de contagio de enfermedades.
- **Que no te dé el sol.** Cuando rasuras o depilas la piel, se pone roja y sensible y, si le agregas la agresión de la radiación solar, te pueden quedar cicatrices.
- **No te irrites.** No te eches productos cosméticos que contengan alcohol o que irriten la piel después de depilarte, como el desodorante o colonia, por ejemplo.

¡NO EXAGERES!
JAMÁS INTENTES QUITARTE
TODO EL VELLO DEL CUERPO,
RECUERDA QUE ES UNA
BARRERA DE PROTECCIÓN.

- **Bájale de temperatura.** Algunas chicas suelen ducharse con agua casi a punto de ebullición, pero no es nada recomendable.
- **Aborta la misión.** No te rasures o depiles si tienes lesiones, irritaciones o quemaduras. Tampoco en caso de tener alguna enfermedad dermatológica, como algún tipo de dermatitis (inflamación), psoriasis, queratisis pilar, manchas blancas o cualquier otra afección cutánea. Siempre consulta a tu médico.

En voz del experto

La doctora Laura Juárez Navarrete, presidenta de la Fundación Mexicana para la Dermatología, asegura que el vello sí crece más grueso cuando lo afeitas o depilas. Se han hecho estudios del crecimiento del vello en las piernas, en donde se puede ver que cortarlos con frecuencia los va haciendo más grandes.

Después de cualquier método de depilación, ducharse con agua caliente es una agresión para tu piel. Hazlo con agua tibia.

Tampoco debes ponerte al sol o echarte desodorante o colonia inmediatamente después.

TODOS
tenemos
un LADO OSCURO

– CAPÍTULO 2 –

MENTE

A MÍ TAMBIÉN

A MÍ TAMBIÉN

Me gusta decir palabrotas

Estás en tu cuarto supuestamente haciendo los deberes, aunque más bien estás mirando los posts recientes en tu Face; entonces empiezas a dar likes aquí y allá, al vídeo de mascotas graciosas y a la foto de tu mejor amiga poniendo morritos. Después de pinchar en todos los enlaces, por alguna razón te topas con una nota sobre tu estrella favorita... ¡A alguien se le ocurrió llamarla "estúpida descerebrada"! ¿Perdona? ¿Quién se atrevió a hacerlo? Por supuesto no puedes dejar de leer los comentarios. Vas leyendo uno por uno y, con tanto insulto escrito, también tu mala leche va creciendo por momentos. El enfado hace que escribas un mensaje directo a esas chicas que la insultaron y, a la velocidad del rayo, tecleas algo como: "¡Sois unas perr...!". Aunque en ese momento te encantaría decirlo, te recomendamos que te moderes un poquito... Sigue leyendo y entérate.

A ella también

"Estaba en la casa de una de mis amigas y entonces llegó su madre. Como la mujer es muy maja, solté un par de tacos. Entonces mi amiga me interrumpió para decirme: '¿Pero qué te pasa? Cuando voy a tu casa no digo esas cosas... ¿Entonces por qué las dices en la mía?' Me dio mucha vergüenza y hasta su madre se quedó con la boca abierta, pero le dio la razón a su hija", nos confiesa Frida.

PONTE A PRUEBA

Vamos a ver cuánto te gusta hablar mal. Haz este test y mira tu resultado.

1 ¿Con tus amigas os hablais unas a otras con nombres de animales como zorras o perras?

a) No, todas nos llamamos por nuestros nombres o nos decimos "amiga", "guapa", "preciosa"...
b) Solo con algunas, porque ellas empezaron a referirse a mí con esos calificativos.
c) ¡Siempre! Es más, de repente se me va la pinza y hasta se me olvidan sus nombres.

2 Tu abuelo te lleva en su coche, pero va lentísimo. De repente, una conductora histérica le grita. Entonces...

a) Le digo en voz baja: "Maldita grosera".
b) Le pego una pitada fuerte con el claxon.
c) Grito a todo pulmón hasta de lo que se va a morir, con la dosis triplicada de palabrotas.

3 Con los chicos, ¿os decís palabrotas?

a) Jamás.
b) A algunos les llamo estúpidos de vez en cuando, pero se lo merecen.
c) Todo el tiempo, es una forma de ganar confianza con ellos.

4 ¿Se te ha escapado una palabrota delante de tus padres?

a) Nunca. Desde pequeña me tienen amenazada con que no debo decirlas.
b) Alguna vez, pero luego me tapo la boca sorprendida y me disculpo.
c) Sí. Incluso una vez le dije una a mi amiga cuando hablábamos por teléfono y mi madre me oyó.

5 Estás haciendo zapping y te topas con un programa de chistes en el que abundan las palabrotas. Entonces...

a) Sigo buscando, esos programas son bastante cutres.
b) Lo veo un rato porque algunas cosas son graciosas, pero no aguanto mucho porque me dan vergüenza ajena.
c) Veo el programa y me parto de risa.

MAYORÍA DE A

¡Boca fina! Por el momento, crees que las palabrotas son de mal gusto, aunque eso no te impide saberlas. Trata de mantenerte inmune frente a la tentación de usarlas al hablar.

MAYORÍA DE B

Lengua viperina. Digamos que tu lengua está dividida en dos y que las palabrotas te gustan, pero te asustan un poco. La mayoría de las veces te justificas su uso diciendo que te salieron sin querer, que alguien te calentó la cabeza y que por eso las soltaste.

MAYORÍA DE C

Lanzallamas. Ay, amiga, ¿qué te decimos? Ten cuidado porque igual esa manera de hablar se hace crónica y entonces llegará un día en el que no sepas decir una sola frase sin usar palabrotas.

RAZONES PARA EVITARLAS

Aquí algunos motivos para medirte al hablar:

DAN MALA REPUTACIÓN

Más te vale que los padres de tus amigos no se den cuenta de que te refieres a ellos con alias soeces. Puedo asegurarte que algunos de ellos les dirían a sus hijos: "Te prohíbo que te juntes con ella, es una maleducada!". Aunque te seduzca hablar así, por ser un poco "prohibido", la verdad es que no mola la gente que dice muchas palabrotas. Al final dirán de ti que no eres educada o que no eres agradable, así que mejor intenta evitarlas.

SE LAS CONSIDERA OFENSIVAS

A muchas personas les puede quedar clara la diferencia entre decir una palabrota e insultar, pero a otras no. Es decir, puedes agredir a alguien usando las palabras más cultas y, por otro lado, expresar todo tu amor a una persona empleando más de un par de vocablos malsonantes. Sin embargo, recuerda que, cuando te comunicas, siempre hay un emisor y un receptor, y ponernos de acuerdo y explicar el verdadero sentido de estas palabras es superdifícil.

PUEDEN HACER DAÑO

Aunque lo digas de manera inofensiva, a veces puedes herir a otras personas con esas palabras y puede ser causa de burlas y *bullying*.

PUEDEN SER DENIGRANTES

¡Las grandes defensoras de los derechos de las mujeres (esas que lucharon por que pudiéramos estudiar y votar) deben de estar retorciéndose en el más allá! Hay una explosión de insultos hacia la mujer que aluden a su comportamiento moral. Nos llamamos entre nosotras "zorras", "perras" y "p*tas". En lugar de ganar respeto entre nosotras, conseguimos lo contrario.

NOS LLAMAMOS ENTRE NOSOTRAS "ZORRAS", "PERRAS" Y "P*TAS". EN LUGAR DE GANAR RESPETO ENTRE NOSOTRAS, CONSEGUIMOS LO CONTRARIO.

¡YA NO SE QUITAN!

Un mal hábito como el de decir palabrotas difícilmente se corrige cuando han pasado años de practicarlo. Todavía estás a tiempo de que en un futuro no puedas hablar sin usar este tipo de expresiones. No queremos imaginarte dentro de unos quince años, dando una conferencia, tratando así a tus compañeros de trabajo... ¿No te parece?

¿POR QUÉ TE GUSTA DECIRLAS?

Quizás se deba a alguna de estas razones...

ESTÁ DE MODA...

Ultimamente parace que no hay límites en el uso de las palabrotas. Si todo el mundo habla así, se supone que no tendría nada de malo que hicieras lo mismo, pero has de tener un control de tu lenguaje y, en ningún caso, herir a nadie con ellas.

LAS DICEN EN TU CASA

Aprendemos muchas cosas de nuestros padres y de las personas con las que vivimos: a pedir las cosas por favor, a dar las gracias, a comernos todo lo que nos ponen cuando vamos a una casa ajena, pero también a decir palabrotas. En casi todas las familias, no falta el padre, la tía o el hermano que sustituye los adjetivos, sustantivos y verbos por palabrotas, y, por supuesto, si es tu día a día escucharlas y decirlas, para ti será de lo más normal.

HACEN GRACIA

Tu sobrinita de tres años de pronto suelta una palabrota. La reacción de los que están delante es reírse, porque en un primer momento les choca en una niña tan pequeña. Aunque, si lo piensas bien, no es muy gracioso, ¿no crees?

ALGUNOS MÉTODOS ANTIPALABROTAS

Cuando te atormenta un ataque de ira interior, parece que se te quita un peso de encima después de soltar una lista de indecencias con una sola respiración. Cuando esto pase, prueba lo siguiente:

Canta a todo pulmón.

Cuenta hasta diez (¡o hasta cien si es necesario!).

Respira, cierra los ojos y medita.

Masca un chicle gigante (mejor sin azúcar, para evitar caries).

Corre sin parar (igual te conviertes en ultramaratonista).

Sustituye tus palabrotas por una frase positiva, la versión dulce de lo que ibas a decir (saca a la poetisa que llevas dentro).

¿QUÉ HACER SI SE TE ESCAPAN?

Estas son algunas tácticas que puedes emplear cuando se te escape alguna.

- **Hazte la loca** y asegura que la otra persona no escuchó bien: "¿Qué entendiste? ¡Dije que esa chica tuvo una *ideota*, no que es una...!". Bueno, esa es la idea.
- **Si lanzaste con fuerza** una frase soez, no te tapes la boca de vergüenza, mejor señala a cualquier punto del suelo y grita: "Una rata". A nadie le importará lo que dijiste, solo desearán salvarse del supuesto roedor.
- **Finge que estás hablando** otro idioma. Por ejemplo: ¡Ay, *cat brown*! (Traducción: Ay, gato café).
- **Oféndete un poco** y asegura que solo lanzaste esa mala palabra para llamar la atención de las personas con las que estás y verificar si de verdad te estaban escuchando.
- **También puedes fingir** que estás cantando. Inventa la letra, la música y distrae a los presentes con unas notas altas de soprano y movimientos como si estuvieras tocando la batería.

En voz del experto

Pamela Jean, consultora en comunicación estratégica y experta en persuasión e ingeniería del lenguaje, nos da una idea de cómo es la dinámica del uso de las palabrotas con tus amigos: "El ser humano es un ser social y tiene una gran necesidad de pertenencia, lo que significa que todos vamos a buscar ser parte de cierto grupo de personas. Además, uno de los momentos más importantes de nuestra vida en el que queremos ser valorados y formar grupos es la adolescencia. Cuando llegas a un grupo de amigos y te das cuenta de que se están comunicando con cierto uso de palabras, por naturaleza tendemos a imitarlo para establecernos como similares. Entonces, si hablo, me visto, me muevo y me comporto de forma parecida, automáticamente ese grupo de personas que me importa que me valoren me va a considerar parte de ellas".

A MÍ TAMBIÉN

Me sale la "bipo"

3:05 p m. de un sábado con cielo nublado. Tú en pijama, recostada en la cama, con el televisor encendido y Facebook en la pantalla de tu portátil. Aburrida, deprimida y sin nada que hacer.

3:35 p m. El timbre de tu móvil interrumpe tu apatía, número desconocido... Da igual, coges fuerzas y te animas a contestar: "¡Hooola!".

3:42 p m. Cuelgas, abres tu ventana, el sol brilla y no paras de sonreír: el chico que te gusta te ha invitado a salir.

3:50 p m. La pereza y el malhumor han desaparecido, ahora cantas de alegría bajo la ducha.

4:15 p m. Falta una hora para que ese chico pase a recogerte, corres a tu armario y tu alegría se transforma en desesperación: los únicos vaqueros que te quedan superpegaditos ¡no están!

4:16 p m. Le preguntas a tu madre por esos vaqueros que no encuentras. Te informa de que los acaba de lavar y tú te pones hecha una fiera, maldices tu mala suerte y explotas contra ella.

4:17 p m. En medio de los gritos recuerdas que aún no has pedido permiso para salir. Tu furia desaparece, te olvidas de los vaqueros y, con una voz suave y una sonrisa en la cara, abrazas a tu mami y le preguntas: "¿Puedo salir?".

4:22 p m. Vuelves a tu habitación y continúas con tu transformación, pasas de un estilo a otro unas veinte veces, hasta que eliges un estilo hípster que te hace sonreír.

5:10 p m. Faltan cinco minutos para que llegue tu chico y ya estás lista, sonriente e impaciente.

5:20 p m. Tu cita llega y se te acerca para saludarte. Evitas su abrazo, le lanzas la peor de tus miradas y le montas un drama por haberte hecho esperar.

5:21 p m. Desconcertado, tu chico te pide perdón y, aunque sigues molesta, controlas a tu fiera y decides perdonarlo.

5:22 p m. Entre besos, abrazos, miradas tiernas y palabras bonitas, te vas con él.

LA BIPO

A estos cambios de humor repentinos les llamaremos bipo y no bipolaridad propiamente, ya que de acuerdo con el doctor Manuel Sánchez de Carmona, presidente mundial de la Sociedad Internacional de Trastornos Bipolares (ISBD, por sus siglas en inglés), los altibajos anímicos que experimenta un adolescente con mayor frecuencia no son tan potentes y significativos como los que se presentan en un trastorno bipolar. Dicho trastorno es un padecimiento psiquiátrico que básicamente se caracteriza por los cambios anímicos extremos e injustificables —se pasa de la manía a la depresión— y que en ocasiones resultan muy peligrosos para quienes los padecen.

Aunque el término *bipolar* está muy de moda y lo utilices con frecuencia para "diagnosticar" a cualquier persona, es importante recordar que solo un profesional podrá saber quién lo presenta.

BIPO VS. BIPOLARIDAD

Si estás preocupada y no sabes si lo tuyo es un simple estado de ánimo bipo o un trastorno bipolar, revisa estos ejemplos que te ayudarán a diferenciar:

Es bipo si tus inesperados cambios de humor son solo arranques hormonales, incongruencias emocionales o de personalidad:

- **Vas a una fiesta,** pero te quedas sentada en un rincón.
- **Les temes a los morbosos,** pero subes fotos supersexys a tus redes sociales.
- **Eres feminista,** pero lloras por un patán.
- **Quieres tener un novio** aunque te aterra enamorarte.
- **Te despiertas temprano,** pero te quedas en la cama hasta tarde.
- **Te comes** un dónut saliendo del gym.
- **No eres celosa,** pero espías en las redes sociales a tu chico.
- **Hoy rompes con tu chico** y mañana le pides perdón.
- **Estás cansada de besar sapos,** pero sigues ligando en el mismo charco.
- **Estás harta de los patanes,** pero te aburren los chicos supereducados.
- **Aprovechas una reconciliación** para vengarte de tu ex.
- **Mientras discutes con tu chico,** se te antojan sus labios y empiezas a besarlo.
- **Perdonas,** pero jamás olvidas.
- **Desconfías de las personas,** pero te encariñas fácilmente.
- **Eres sensible,** pero te empalagan los cursis.

Según la Organización Mundial de la Salud (OMS) entre 1 y 2 % de la población mundial sufre este trastorno.

Es bipolaridad si...

- Experimentas alegría excesiva.
- Con frecuencia te sientes nerviosa, alterada o ansiosa.
- Sueles hablar muy rápido y de muchos temas distintos.
- Presentas desórdenes alimenticios.
- Te sientes inquieta, irritada o sensible.
- Relajarte resulta una misión imposible.
- Te sientes más activa de lo normal y te crees capaz de hacer muchas cosas a la vez.
- Pones tu vida en situaciones peligrosas.
- Despilfarras dinero en compras excesivas e innecesarias.
- Presentas un deseo indiscriminado y tienes relaciones sexuales sin ningún tipo de precaución.
- Te sientes preocupada y no sabes por qué.
- Experimentas un gran vacío emocional.
- Tus notas bajan y tienes déficit de atención.
- Se te olvidan más cosas que de costumbre.
- Pierdes el interés en actividades que solían divertirte.
- Eres más perezosa y menos activa de lo habitual.
- Experimentas dificultades para dormir.
- Te acercas a las drogas y al alcohol o los consumes en exceso.
- Tienes pensamientos suicidas.

¿SABÍAS QUE...?

EL GRAN PINTOR VINCENT VAN GOGH ERA BIPOLAR, RAZÓN POR LA CUAL EL 30 DE MARZO, FECHA DE SU NACIMIENTO, SE CONMEMORA EL DÍA MUNDIAL DEL TRASTORNO BIPOLAR.

En voz del experto

De acuerdo con Sánchez de Carmona, quienes padecen un trastorno bipolar "a veces se sienten extremadamente eufóricos y felices (manía) y de forma paulatina o inesperada pasan al polo contrario, experimentan una tristeza terrible y falta de autoestima (depresión)".

¿LAS CAUSAS?

Aunque los expertos siguen estudiando las causas que desatan este trastorno, Sánchez de Carmona comenta: "Existen varios factores que pueden contribuir a la aparición del trastorno bipolar, como los genéticos, ya que se ha establecido que es una enfermedad hereditaria; aunque también están las alteraciones en la estructura y función del cerebro".

Por lo tanto, y de acuerdo con los especialistas, las causas más comunes son:

* **Biológica o bioquímica.** Debido al mal funcionamiento de una serie de neurotransmisores cerebrales.
* **Genética.** Aunque aún no se sabe cuáles son específicamente los genes involucrados en la transmisión de este trastorno, si hay un familiar directo con este padecimiento, existen muchas probabilidades de que algún otro miembro de la familia también lo padezca.
* **Medicación inducida.** A causa de un diagnóstico y medicación inadecuada, así como el abuso en el consumo de drogas y alcohol.
* **Psicosocial.** Un ambiente violento, hostil, opresivo y estresante, así como algún acontecimiento trágico, pueden ser detonantes.

A ella también

Se llama Lucía y tiene 16 años. Aunque al principio rechazó la entrevista, a los pocos minutos nos llamó y con una actitud superbuena nos confesó: "A veces estoy sonriendo, bromeando... y de repente todos me caen mal. Tengo cambios tan repentinos que ni yo me entiendo. Con mi novio me enojo sin motivo, y cuando ya me tranquilizo, el que se transforma es él. Soy muy indecisa, cuando llegamos al cine ya vamos con la intención de ver cierta película, pero a la hora de comprar las entradas elijo otra y cuando entramos me arrepiento porque sí quería ver la primera. ¡Qué molesto!, ¿no?".

"Soy cantante, escritora y actriz. Y además vivo con trastorno bipolar". Son las palabras iniciales de Demi Lovato en *Debut: The Mental Health Listening & Engagement Tour,* primer vídeo de una campaña en la que Demi participó con la Fundación Jed para transmitir un mensaje alentador a todas esas personas que, como ella, han pasado momentos complicados en su vida. "He tenido momentos oscuros, sobre todo con la faceta depresiva de la enfermedad. La bipolaridad depresiva realmente afectó mi vida, pero hoy me siento orgullosa de decir que soy la prueba viviente de que alguien puede vivir, amar y estar bien con un trastorno bipolar cuando se tiene la educación, el apoyo y el tratamiento adecuado. Las personas que viven con enfermedades mentales suelen tener bajas expectativas porque en el pasado las han herido o decepcionado. ¡Quiero cambiarlo! Nuestra sociedad tiende a avergonzar o ignorar a quienes tienen enfermedades mentales. ¡Quiero cambiarlo!" Sin duda un gran discurso de alguien que ha superado todos sus obstáculos. ¡Bien, Demi!

PONTE A PRUEBA

Se ve, se siente, ¿la bipo está presente? Responde nuestro test y descubre si eres víctima de los cambios de humor inesperados.

1 Aunque tu novio es el anticursi número uno, un día te invita a ver una peli de amor. Tú...

a) Suspiras, jamás creíste que llegaría ese día.

b) A media peli le tiras las palomitas en la cara, pues estás segura de que te invitó porque le gusta la protagonista.

2 Cada vez que te rompen el corazón...

a) Compras un litro de helado, escuchas canciones supertristes y lloras a moco tendido.

b) Publicas en Twitter frases como: "¡Gracias por haberme pisoteado, humillado y hacerme sonreír!".

3 En cuanto dejáis de ser amigos para ser algo más, tú...

a) Entras en Facebook y cambias tu situación sentimental, de "soltera" a "en un increíble, mágico y soñado noviazgo".

b) Te envías wasaps sexys y atrevidos con otro.

4 A veces quisieras volver con tu ex, luego recuerdas que te engañó con tu mejor amiga y...

a) ¡Se te pasa!

b) Vas a su casa y le preguntas llorando si quiere volver.

5 Publicas en tu muro "Muriendo de hambre", minutos después tu mejor amiga se aparece en tu casa con una pizza extragrande. Tú...

a) Le das gracias al cielo por tener a la mejor amiga del mundo mundial.

b) Le tiras la pizza en la cara, seguro que quiere que engordes para quedarse con tu chico.

MAYORÍA DE A

Libre de bipo...

Todo indica que eres bastante congruente entre lo que dices y lo que haces, tus respuestas demuestran que eres una chica con ideas y sentimientos firmes. Sabes perfectamente qué quieres y te resulta muy sencillo decidir, pues para ti es negro o blanco, pero casi nunca gris. Así que tranquila, el estado bipo aún no es un problema en tu vida.

MAYORÍA DE B

La bipo está presente...

¡Ups, sí tienes bipo! Tranquila, tranquila, quizás no, bueno, un poquito sí, pero no te asustes, no es nada grave. Aunque seguro que tu novio y tus padres opinan que estás loca, no hagas caso, son unos exagerados, aunque en el fondo te están diciendo la verdad: sí eres inestable, incongruente y un poco drástica en tus reacciones, pero no te preocupes. El caso es que te encuentras en una etapa en la que te estás conociendo, así que no te desesperes, en cuanto definas tus gustos y tu forma de ser, la bipo que hay en ti desaparecerá. Pero cuidado, si sientes que cumples con las características del trastorno bipolar, mejor pide ayuda profesional.

¡ÉCHALES UNA MANO!

Si tu mejor amiga, tu hermana o tu prima son bipo y no sabes cómo acercarte o ayudarlas, te damos algunos consejos:

- **Ten mucha paciencia.** Como están ellas, podrías estar tú.
- **Dales espacio, pues a veces** lo único que necesitan es estar solas para volver a la normalidad.
- **Date tiempo para hablar** con ellas y escúchalas atentamente.
- **Sé comprensiva y tolerante** con sus cambios de humor.
- **Invítalas a participar** en actividades que les agraden.
- **No les tengas miedo,** su bipo es inofensiva y se les pasará en breve.

A MÍ TAMBIÉN

Me han etiquetado

¡Maldita sea! Una sola acción y ya estás frita, señalada y marcada de por vida. Jamás te hubieras imaginado que decirle a una amiga que su novio te parecía guapo te llevaría directa a la aldea de las "zorras". Y bueno, ahora así te conocen todos los de tu clase ¡y ni siquiera has hablado con el chico! Los celos de tu ahora "examiga" la llevaron a viralizar tus intenciones inexistentes de robarle a su novio. Obviamente, esa no era tu intención. Y lo peor es que vas a tener que cargar con la etiqueta de maldita-bruja-robanovios-sinsentimientos todos los años del instituto. ¡No puede ser! Querrías hacer algo para borrar ese suceso del pasado y, además, ¡ni siquiera es taaan guapo! Te preguntas una y mil veces por qué salió esa palabra de tu boca y te cuestionas cómo es que tu mejor amiga se puso tan celosa. Querrías volver atrás en el tiempo y asegurarle a tu mejor amiga que, la verdad, te da igual su nueva conquista y que de todos modos no tiene por qué molestarse tanto, pues estás segura de que su romance terminará en menos de un mes. De cualquier forma, no tiene nada de malo hacer este tipo de comentarios... ¡no por eso te lo vas a ligar! ¡Qué gente tan insegura, vaya tela!

ELLA ES ANDREA, "LA PIJA"...

Y allí están Paty, "la flipada"; Fernanda, "la rara"; Gaby, "la ogro"; Ceci, "la friki"; Andrea, "la fácil"... Y así podríamos pasar lista a todas las chicas que conoces. Es como si cada una tuviera el nombre que sus padres eligieron (después de pensarlo durante meses) y otro que unos cuantos aburridos les pusieron según sus características físicas, habilidades o aspecto. Obviamente, el sobrenombre que las identifica pocas veces lo hace de manera positiva, pues el estereotipo se formula a través de una idea que comparten varias personas sobre alguien en especial, y en la mayoría de las ocasiones está basado en cotilleos o superficialidades. Así, ser estudiosa o seria, por ejemplo, define y califica a alguien. La etiqueta es una especie de recordatorio permanente, de alerta para los demás, una alarma social con la que se advierte a otros sobre la chica infiel, la superseria o la borde del grupo. Lo lamentable de todo este rollo es que la gente acaba por creerse estos adjetivos y terminan dando de lado a la persona etiquetada.

En voz del experto

La psicóloga Daniela Gutiérrez imparte cursos sobre autoestima dirigidos especialmente a adolescentes. Ella asegura: "Se ponen etiquetas no solo de percepciones 'negativas', sino de características que son más notables que otras, según nuestras creencias. Las etiquetas son en ocasiones un reflejo de lo deseado o no en nuestra propia persona, basadas en estándares establecidos. Quien regularmente etiqueta a su vez ha sido etiquetado; es un modo inconsciente en que los chicos descargan su frustración".

Etiquetar afecta a la autoestima, debido a que, en la adolescencia, la pertenencia y aceptación de nuestro grupo social es muy importante; es decir, lo que otros digan de nosotros repercutirá en la autopercepción y el autoconocimiento. Creer en esas opiniones puede definir tu personalidad o forma de ser, "sobre todo si la etiqueta viene de una figura importante (padres, amigos, maestros) o es repetida; funciona como una programación que inconscientemente será el autoconcepto que nos acompañará toda la vida".

PONTE A PRUEBA

¿Te dejas llevar por lo que ves? Resuelve el siguiente test y descubre si eres una especialista en poner etiquetas.

1 Hay una chica nueva en tu clase y todos empiezan a hablar de su extraña forma de vestir. Tú piensas que...

a) Es una chica problemática a la que seguramente echaron del instituto anterior.
b) Debe de ser una chica con una historia interesante, ¡hay que conocerla!
c) Parece peligrosa, seguro que es agresiva.

2 Has visto al novio de tu mejor amiga hablando con otra chica en el recreo. Él seguramente...

a) ¡Le está poniendo los cuernos a tu amiga! Todos los chicos son iguales.
b) Crees que es su hermana, notaste que era pequeña y le daba dinero.
c) ¡No tienes ni idea de lo que está pasando! Mejor se lo cuentas a tu amiga.

3 Una chica que ha tenido muchos novios a sus solo catorce años es...

a) Una chica fácil a la que le gusta el magreo.
b) ¡Una suertuda! Yo no pillo ni un resfriado.
c) Alguien con mucho tiempo libre... ¿A qué hora hace los deberes?

4 Los chicos con mejores notas son...

a) Aburridos, ñoños, sin amigos ni vida social. Mira que saberse de memoria la tabla periódica de los elementos... ¡Uffff!
b) Dignos de admiración; además, el chico con mejor nota media es superguapo y simpático.
c) Máquinas sin vida que viven para complacer a sus papás.

a) Es vaga y no se quiere.
b) ¡Tiene problemas! Quizás está mal de la tiroides o algo.
c) Es una chica simpática... ¿los gorditos son los graciosos del grupo, no?

RESULTADOS

MAYORÍA DE A

Lamentablemente te vas con lo que dice la mayoría y crees en estereotipos que quizás has escuchado de tu familia o amigos. El hecho es que calificas superficialmente a las personas, lo cual te impide conocer a fondo a alguien porque "tiene fama de tonta", o porque "los inteligentes del grupo no saben divertirse" y mil tonterías más. Sé más abierta y atrévete a conocer a las personas, incluso si no son parecidas a ti. Te llevarás agradables sorpresas.

MAYORÍA DE B

Eres una chica sensible, te gusta hacer nuevas amistades y crees firmemente que cada persona es un mundo por descubrir. Tus amigos son una extraña colección de diferentes personajes que solo puedes calificar con una palabra: adorables. ¡Felicidades!

MAYORÍA DE C

Tienes prejuicios, piensas que los gorditos son graciosos y las chicas con una larga lista de exnovios, unas zorras. ¡Basta! No puedes ir por la vida así, calificando lo que no entiendes y etiquetando todo, porque, ¿sabes?, hay gente interesante que te estás perdiendo por pensar que "seguro" que son como tú piensas. Comprueba que estás equivocada y amplía tu círculo de amigos; no todos tienen que parecer, pensar y actuar como tú. ¡Que vivan las diferencias!

Reglas para no creer en etiquetas

De acuerdo con Daniela Gutiérrez, es posible acabar con ellas, pero se requiere lo siguiente:

- **Haz una lista de tus características.** Tener claras tus debilidades y conocer tus defectos y virtudes te ayudará a fortalecer tu autoestima. No eres lo que los demás dicen de ti, eres mucho más que una anécdota.
- **¿Te han etiquetado?** Rompe con el estereotipo y acaba con los rumores, sé congruente con tus actos y con lo que quieres transmitir a los demás.
- **¡No hagas caso!** Lamentablemente, si escuchamos a todas horas que somos tal cosa, podríamos terminar por creer que es verdad. Repite: "no soy una robanovios", "no soy la payasa de la clase"...
- **Respeta y exige respeto.** Rompe moldes y acaba con los estereotipos. ¿Cómo? Empieza por dejar de llamar "zorra" a tu amiga. Tenemos millones de características, una etiqueta no lo dice todo de una persona y quizás esté basada en la ignorancia.
- **Fortalece tus capacidades y cualidades.** Al igual que los demás, tienes dones particulares y únicos, descubre los tuyos y los de otros. Siempre hay algo positivo en quienes te rodean, date la oportunidad de descubrirlo.
- **Acepta que la diversidad es beneficiosa y maravillosa.** Si fuéramos todos iguales, ¡sería un aburrimiento!

A ella también

"Los de mi clase decían que yo era una flipada y nadie me hablaba porque pensaban que era muy borde, incluso me miraban raro. Otros me llamaban 'pija' y no sé qué más. Lo que pasa es que siempre he sido muy seria, cuando llego a un lugar y no conozco a nadie estoy muy callada. Decían que era borde porque no hablaba a cualquiera, y así. La verdad es que soy muy abierta, pero primero tengo que conocer a la gente para saber en quién confiar, simplemente es eso". Zara, 14 años.

A MÍ TAMBIÉN

Me aterran los exámenes

Y a quién no? Después de pasar millones de horas encerrada en tu cuarto, entregar miles de trabajos, presentar decenas de exposiciones y romper el récord de participaciones en clase, ¡toca el temido EXAMEN! (Escuchas truenos y relámpagos.) ¡Lo sabemos! El estómago se te revuelve, y no son mariposas, precisamente. Los pantalones se te caen hasta los tobillos del susto, tu corazón se acelera, tu piel palidece, escuchas el crujir de tus huesos y en tu mente retumba la pregunta "¿Por qué a mí? ¿Por qué a mí?".

Corres a tu casa y, después de dos, tres o hasta cinco horas de distracción —empleadas básicamente en reponerte del susto—, te encierras en tu cuarto, sacas tus apuntes y con la mejor actitud te dispones a estudiar. Pasan unos segundos y el universo te empieza a trolear: una mosca aparece frente a ti, llama tu atención y superconcentrada la observas, analizas sus movimientos y aprendes a rascarte los ojitos igual que ella. Le pones nombre. Justo cuando le estás enseñando a dar la patita, una estrella fugaz pasa frente a tu ventana, el chico que te gusta te escribe por Whatsapp, tu mejor amiga llama inconsolable por Skype porque su novio la dejó, tu madre prepara una cena de concurso y en la tele echan el primer capítulo de una serie espectacular. Dos horas después, y justo cuando el sueño comienza a vencerte, ¡recuerdas que tienes que estudiar! Entras en pánico, abres otra vez tu cuaderno, pero en lugar de leer, ¡aprovechas la poca energía que te queda para pedir ayuda al universo!

Es el día del examen, te despiertas supertarde. Desvelada y sin tiempo para un repaso, llegas a clase y te das cuenta de que todas las mesas de atrás están ocupadas, así que te sientas en la tercera fila junto a alguien que te pueda soplar. El profe te entrega el examen, y los recuerdos y conocimientos aprendidos durante todo el año ¡se han esfumado! Tu lápiz no deja de temblar y después de diez minutos te das cuenta de que, además de tu nombre y la fecha, no has contestado nada. Intentas copiar, entras en pánico y te quedas mirando al techo sin poder responder ni una sola pregunta.

En voz del experto

¿Eres alérgica a los exámenes? ¡No te agobies! En una sociedad donde la competencia por sobresalir es despiadada, también es común que el miedo se haga presente en estos casos y se apodere de ti. De acuerdo con la psicóloga Silvia Araya, autora del libro *Confíe y viva sin pánico* y especialista en ataques de pánico, y Ximena Sandino, directora del Consejo Académico en Bright House School, el temor a los exámenes puede tener su origen en factores como:

* Una baja autoestima o escasa confianza en uno mismo.
* Una mala preparación.
* Desconocimiento del tema.
* Complejos y creencias arraigadas desde la niñez (escuchar con frecuencia frases como "eres tonta", "inútil", "no sirves para nada").
* Experiencias traumáticas como suspender o sacar una mala nota.
* Expectativas muy altas que cumplir.
* Presión social y miedo a defraudar a padres, profesores, hermanos y hasta compañeros.

"Los exámenes pueden provocar ataques de pánico, ya que para muchas personas representan una situación de mucha tensión que produce altos niveles de ansiedad. Y ocurre en todas las edades, en niños y hasta en adultos", asegura la psicóloga Araya. Por su parte, Ximena Sandino comenta: "Durante muchos años, el examen ha sido el único medio para evaluar a nuestros alumnos, y en muchas ocasiones se utiliza como amenaza para lograr cierto comportamiento. Esto genera miedo y aberración al mismo tiempo".

"¡Los odio!" Fue lo primero que dijo Laura, una chica de 12 años, al escuchar la palabra "exámenes". "Me estresan, me asustan y por más que estudie siempre creo que voy a suspender. Me pongo nerviosa, ¡muy nerviosa!, me dan dolor de estómago y hasta ganas de llorar. Hay veces que, aunque me concentre, no logro recordar nada y entonces busco a alquien a quien poder copiar. Últimamente he comprobado que si no estudio me va mejor."

PONTE A PRUEBA

Por suerte, este temor se puede evitar, reducir o eliminar. Pero antes de darte algunos consejos para que esto suceda, responde nuestro test y descubre si los exámenes te bloquean.

1 A tu despiadado profesor se le ha ocurrido regalaros un examen sorpresa. Tú...

a) Haces una foto al examen y la subes a Twitter para que tus seguidores te ayuden.
b) Miras hacia arriba, respiras profundamente, aceptas el reto y empiezas a contestar.
c) Gritas, lloras, sonríes, te despeinas, te muerdes las uñas y te giras a todos lados buscando a alguien que te deje copiar.

2 La noche previa al escalofriante examen, tú...

a) Creas un grupo en WhatsApp llamado "Vamos a copiar", y con tus amigas planeas cómo despistar al profesor.
b) Te encierras en tu habitación, te desconectas del mundo virtual y le das un buen repaso a los temas que te cuestan más.
c) Estás supertranquila..., ni siquiera te has enterado de que había examen. ¡Ups!

3 En época de exámenes, esperas que...

a) Algún friki caiga rendido a tus pies.
b) Tu cerebro no te falle.
c) Un meteorito destruya tu instituto, que a tus profes los abduzca un extraterrestre... o por lo menos que les entre diarrea.

4 En todos los exámenes...

a) Aplicas el "Ave María, dame puntería".
b) Empiezas respondiendo lo más fácil, como escribir tu nombre, por ejemplo.
c) Te bloqueas en la primera pregunta..., y en la segunda, y en la tercera...

5 Al entregar tu examen...

a) Te sientes tan confiada o preocupada como los que te dejaron copiar.
b) Lo revisas una última vez.
c) Ya sabes que has suspendido.

LOS EXÁMENES...

MAYORÍA DE A

¡Te temen a ti!

Pese a que no eres la mejor estudiante del mundo, está claro que los exámenes no te asustan y, sin importar cómo o cuándo aparecen, siempre tienes una solución: ¡copiar! Te has convertido en la estrella de las chuletas y, aunque hasta ahora te ha ido muy bien y ningún profesor te ha pillado, ¡debes tener cuidado! Ser una copiona no mola, te engañas a ti misma y ni siquiera tienes idea de lo que realmente eres capaz de conseguir. Intenta dejar de hacerlo, estudia y confía más en ti.

MAYORÍA DE B

¡Agilizan tu mente!

Aunque no eres fan de los exámenes... ¡Espera! En realidad nadie es fan; de todas formas, lo importante es que eres lo suficientemente aplicada y, cuando aparecen, las neuronas de tu cerebro se activan, lo aprendido se hace presente y enfrentas cada pregunta con valor, eficacia y un toque de entusiasmo, ¡bien por ti! Sigue así y verás que, además de los besos de tu chico, nada más te hará temblar... Bueno, quizás el encrespamiento del pelo, pero ese nos hace a temblar a todas.

MAYORÍA DE C

¡Congelan tus sesos!

Les tienes tanto miedo que seguramente te has puesto a sudar al responder este test... ¡Tranquila! Aunque algunos exámenes parecen armas de tortura psicológica, la verdad es que todos son inofensivos y tienen una solución, y esa vive dentro de ti, así que relájate, sigue leyendo y más adelante encontrarás algunos consejos que te ayudarán a vencer el temor. ¡Sí se puede!

¿EL MIEDO TE PERSIGUE?

Sabes que los exámenes son tus peores enemigos si antes o durante su realización...

* **Te mantienen despierta** y escondida bajo las sábanas.
* **Tu corazón late más rápido** que cuando ves al chico que te gusta.
* **Se te forma un nudo en la garganta** imposible de desatar.
* **Aunque bebas agua no logras humedecer** la boca ni los labios.
* **Sientes las articulaciones tan rígidas** que no te puedes mover.
* **Tus manos y axilas se convierten** en una abundante fuente de sudor.
* **Sientes que la comida** va a salir por donde entró.
* **Te quedas sin aliento** ni respiración.
* **Tu mente** se queda en blanco.
* **Olvidas tu idioma** y te cuesta trabajo leer.
* **Tiemblas como gelatina** aunque no esté haciendo frío.
* **Te rindes antes incluso** de empezar a luchar.

¡QUÉ MIEDO!

Si lloras más en un examen que con una tierna peli de amor, ¡abraza este libro! Sécate las lágrimas, límpiate los mocos, deja de temblar y mira estos consejos infalibles contra el "mal del examen".

* **No exageres.** Considera los exámenes como requisitos académicos y no como pruebas de vida o muerte.
* **No te etiquetes.** La nota en un examen jamás definirá quién eres como persona, siempre serás más que un seis o un diez.
* **No te predispongas.** No juzgues ningún examen sin antes conocerlo, hay exámenes fáciles que se complican por tu actitud.
* **Libérate de presiones.** Mientras estudias, y en el momento de contestar el examen, olvídate del qué dirán, de las expectativas de tus padres y hasta de la nota que debes sacar; si lo disfrutas, ¡vas a aprobar!
* **Piensa positivamente.** Las buenas vibraciones son básicas, en cuanto sepas que hay examen tira al cubo de basura ese chip de pánico. Piensa algo: si estudias, ¿por qué vas a suspender?
* **Prepárate bien.** No hay mayor enemigo para el miedo que la confianza y la preparación, así que ponte las pilas, cree en ti, pon atención en clase (despídete de los distractores) y antes de un examen date un tiempo para leer y entender cada tema.

¡PATÉALE EL TRASERO AL MAL DEL EXAMEN!

Ahora que has entendido que la confianza y la preparación son importantes para superar el temor, aplica los siguientes consejos y aprueba todos los exámenes que se te pongan por delante de aquí a tu graduación:

♥ ANTES DEL EXAMEN...

La cueva del saber. Para estudiar y concentrarte al cien por cien es importante contar con un lugar cómodo, relajado y sobre todo alejado de distracciones. Puede ser tu habitación, tu baño, la azotea, una biblioteca o hasta un parque.

* **Acepta el reto.** Tus profes no serán abducidos ni les entrará diarrea. Si ya tienes un examen programado, ¡enfréntate a ello! Crea un plan y horario de estudios acorde con la dificultad de la evaluación y llévalo a cabo. ¡No dejes todo para última hora!
* **Diversifícate.** No te la juegues con una sola técnica de estudio, prueba varias, mézclalas y utiliza la más adecuada para la asignatura. Las más recomendables son memorización, comprensión de lectura, esquemas, mapas mentales, asociación de palabras, autoevaluación y autoexposición.
* **Organízate.** Si tienes más de un examen a la vista, dedícales tiempo a todas y cada una de las asignaturas. Empieza por las fáciles, luego sigue con las duras y deja para el final las de dificultad media.
* **Come bien.** La dieta durante el examen solo sirve para bajar de notas, porque un cuerpo mal alimentado jamás podrá tener un cerebro bien concentrado. ¡Come frutas y verduras!
* **Despeja tu mente.** Si ya cumpliste con tu dosis de estudio programada, ¡cierra los libros! Sal de tu cueva y diviértete, relájate, pásalo bien y después vuelve a estudiar. Unos besos de tu chico te sentarán genial.
* **Equípate bien.** Ten listos dentro de tu mochila todos los materiales que vayas a necesitar para resolver el examen.
* **Duérmete niña, duérmete ya.** Lo leíste cantando, ¿cierto? En fin, lo que te decimos es superimportante, da igual cuánto creas que te falta estudiar, ¡no dejes de dormir! Si lo haces, reducirás tu concentración y acabarás olvidando lo que sí sabías.

DURANTE EL EXAMEN...

- **Elige un buen sitio.** Aunque no lo creas, la primera fila es la mejor pues, además de estar libre de distracciones, también reduces la atención de tus profesores, ya que ellos suelen concentrarse más en los que se sientan en el fondo.
- **Créetelo.** En cuanto escribas tu nombre, repite en voz baja (o en tu mente): "¡Voy a aprobar! ¡Soy la mejor! ¡Voy por el diez!", y el nerviosismo se reducirá.
- **De menor a mayor.** Si la pregunta es difícil, ¡siguiente! No te quedes mirando al techo esperando la respuesta correcta, porque quizás jamás llegará, mejor concéntrate y contesta las que sí te sabes y deja las complicadas para el final, verás que, una vez que empieces, las respuestas empezarán a llegar.
- **No corras.** Hay personas que por temor o desesperación contestan superrápido y mal. ¡No lo hagas! Si el profe te ha dado una hora, tómate tu tiempo y aprovecha los sesenta minutos; si acabas antes, utiliza algunos para revisar o corregir.
- **Evita copiar.** Al hacerlo pones en riesgo tu imagen, tu reputación y hasta tu nota.
- **Sin titubeos.** Si por algún motivo te das cuenta de que las respuestas de la chica de al lado son diferentes a las tuyas, ¡no las cambies! Confía en ti, en tus conocimientos y en tu instinto.

¡APLICA ESTOS SECRETOS!

Existen muchísimos tipos de exámenes, ¡y todos se pueden aprobar! Si lo dudas, sigue leyendo, conoce los más comunes y la manera más efectiva de aprobarlos. ¡De nada!

- **Oral.** Comprende más de lo que intentes memorizar, sonríe (rompe el hielo), respira, habla claro y con calma; si tienes dudas, haz una pausa, recuerda y continúa. Siempre escucha antes de contestar.
- **Tipo test.** Si tienes dudas, empieza por eliminar las opciones que sabes con seguridad que están mal. Si la duda sigue, utiliza tu lógica, tu intuición o directamente tu puntería pues, en una de esas, la suerte te puede ayudar.
- **Pregunta abierta.** Sé breve y concreta, responde solo lo que se te pregunta y evita enrollarte o te confundirás. Escribe claro, sin faltas de ortografía y con letra bonita.

También puedes realizar ejercicios de vocalización en voz alta: "A O A O", te servirán para eliminar el estrés y trabajar las respiraciones que oxigenarán tu cerebro.

¡NO! GRACIAS

– CAPÍTULO 3 –

EXCESOS

A MÍ TAMBIÉN

A MÍ TAMBIÉN

Me cegaron las copas

Y te sientes faltal! ¿Verdad? Todo empieza como un juego, como una manera equivocada de querer ser guay. Una copa lleva a otra copa, y, sin darte cuenta, el alcohol te toma a ti: deforma tu percepción del mundo, altera tu mirada, traba tu lengua, ensordece tus oídos, golpea tus rodillas, acaba con tu equilibrio, secuestra tu razón y te convierte en la versión más pirata de ti misma: una chica incapaz de distinguir entre lo correcto y lo incorrecto, entre lo guay y lo ridículo. Y a la mañana siguiente te despiertas con una bomba en la cabeza, unas náuseas horribles, un cutis megamaltratado, una deshidratación escalofriante y la angustia de no poder recordar con exactitud qué fue lo que hiciste; y si lo recuerdas, te condena a vivir un incómodo y penoso arrepentimiento.

¿POR QUÉ ME APETECE?

Parece que los principales motivos por los que una adolescente prueba el alcohol por primera vez son:

- **Curiosidad**
- **Problemas en casa**
- **Tristeza (peleas con su novio)**
- **Soledad**
- **Incomprensión**
- **Aceptación**
- **Popularidad**
- **Problemas escolares**

Lo primero que una persona pierde bajo la influencia del alcohol es la conciencia, el estilo y la actitud, ¿lo dudas? Entra a YouTube y escribe "borrachos"; aparecerán más de un millón de vídeos; y si escribes "borrachas", más de cien mil. Mira algunos y verás que emborracharse es todo menos divertido o, mejor aún, haz memoria y recuerda cómo lo pasaste la primera vez que el alcohol te tomó a ti o a algun@ de tus amig@s. ¿Hicieron el ridículo? De lo que sí estamos seguros es de que tú o la persona a quien viste borracha hicisteis cosas que jamás hubierais pensado con los cinco sentidos en pleno funcionamiento.

A ella también

Es muy probable que en tu primer acercamiento al alcohol hayas oído las siguientes frases: "solo una copa", "no pasa nada", "para que te animes", "los de tu edad ya beben", "venga, yo te cuido", "yo te enseño", "¡no seas miedosa!". Y, como en cualquier actividad perjudicial para tu salud, existe la posibilidad de que la sugerencia haya venido de parte de alguno de tus amigos o hasta de tu propio novio, tal y como le pasó a Ceci, una chica de 17 años que recuerda con vergüenza la primera vez que probó el alcohol: "Fue hace dos años, en una fiesta con mis amigos del instituto; había mucho alcohol y todos estaban bebiendo menos yo, así que empezaron a ofrecerme, a insistirme y a presionarme para que lo probara. Lo hice y reconozco que me gustó, así que seguí bebiendo hasta que me sentí mal, todo a mi alrededor daba vueltas y, como no podía, ni caminar me tuvieron que llevar a cuestas a mi casa. ¡Me puse fatal! Y al día siguiente, además del dolor de cabeza, me sentí muy triste por el ridículo que había hecho, pues me comentaron que no paraba de bailar y quería besar a todos los chicos, aunque yo solo recuerdo a tres".

CON LA CABEZA MAREADA

La vida sumergida en alcohol es más peligrosa y triste de lo que te imaginas; primero porque, al tener una percepción distorsionada del mundo, te enfrentas a él sin inhibiciones ni temores, así que te expones a todo tipo de peligros. De acuerdo con el doctor Ángel Prado, alguien que bebe de manera excesiva corre el riesgo de padecer los siguientes problemas:

- **Intoxicación**
- **Rechazo social, familiar y personal**
- **Aislamiento**
- **Dependencia**
- **Expulsión escolar**
- **Desarrollo deficiente del cerebro**
- **Víctima de delincuencia**
- **Depresión**
- **Bullying**
- **Relaciones sexuales sin protección**
- **Contagio de enfermedades de transmisión sexual**
- **Embarazos no deseados**
- **Víctima de violaciones**
- **Enfermedades como hígado graso y cirrosis hepática**
- **Muerte por alcoholismo**

CON UNAS COPAS DE MÁS

Como habrás podido observar, beber no es guay ni divertido, de hecho es una práctica que, sin darte cuenta, te convierte en una persona cero agradable. Para comprobarlo, compartimos contigo una lista en la que describimos a las bebedoras más comunes y las razones por las cuales se las percibe con desagrado. Conócelas, evítalas y aléjate del alcohol antes de convertirte en una de ellas:

 LA BRONCAS

Su valor y furia se desatan a la menor provocación, así que cuidado con tocarle un pelo, porque seguro que se te echa encima.

 LA SENSIBLE

Expresa todas sus tristezas entre lágrimas y fluidos nasales. Nada la consuela, y aunque bebe y bebe para ponerse feliz, sucede todo lo contrario.

LA SEXY
Cuando está sobria suele ser bastante insegura e introvertida, pero, una vez que su cerebro y ego se llenan de alcohol, se siente la más sexy y se quiere ligar a todos.

LA LIGONA
Estando ebria es capaz de besar a todos los chicos de la fiesta.

LA LOSER
Pierde todo el estilo y hace cosas superridículas que hacen reír a muchos y a otros les dan vergüenza ajena; a menudo se la encuentra en YouTube.

LA CRAZY
Pone su vida en riesgo: conduce, pelea y hasta confía en desconocidos.

LA LÍDER
Anima a todos a que beban tanto como ella, su frase favorita es "otra, otra, otra...".

LA PÓCIMAS
Puede que no sepa nada de química, pero sí conoce el nombre y sabor de más de diez bebidas alcohólicas.

LA AAARG
Esta pobre no entiende que se pasó de copas hasta que acaba vomitando.

LA CHAMPION
Se siente orgullosa de su consumo excesivo de alcohol.

LA ESPONJA
Es capaz de absorber cantidades de alcohol increíbles y sin efectos aparentes.

LA NECIA
Aunque su ebriedad es notable, siempre dice "la última y nos vamos" ¡como diez veces!

LA ILUSA
Pese a que siempre acaba ebria, en cada ocasión asegura que no volverá a beber.

LA MAGA
Nadie la ha visto beber, pero todos la han visto borracha.

¿PARAR ES FÁCIL?

Claro que no. Al empezar con esta práctica adictiva, inconscientemente tu consumo puede pasar de un sorbo a una copa, de una borrachera anual a una mensual o semanal, y así hasta que te mantienes en estado etílico todos los días y desarrollas una dependencia capaz de destruir tu vida.

En voz del experto

De acuerdo con el doctor Ángel Prado García, "alrededor del 42 % de los adolescentes en México han consumido alcohol, el 4 % de estos consumidores desarrollan dependencia. Desafortunadamente, esta cifra va en aumento, lo cual tiene que ver con la cantidad de lugares en los que se pueden conseguir bebidas alcohólicas con facilidad". ¡Qué mal!

¿ES GUAY ESTAR BORRACHA?

Seguro que habrá gente que diga que sí, pero lo cierto es que para nada. Además de poner en riesgo tu vida y de crear una adicción peligrosa, podrías terminar así:

- **Vomitando** con la misma mala pinta que la protagonista de *El exorcista.*
- **Caminando** como un personaje de *The Walking Dead.*
- **Oliendo** como recién salida de un panteón.
- **Bailando** como si estuvieras recibiendo un electroshock.
- **Aceptando** ser la novia del sapo más feo de la charca.
- **Teniendo** dolores estomacales más fuertes que los cólicos premenstruales.
- **Perdiendo** el dinero, las llaves, el móvil y hasta la dignidad.
- **Tomando** bebidas adulteradas que no sabes ni qué son.
- **Protagonizando** un penoso vídeo viral.
- **Violada,** infectada con una ETS o embarazada.
- **Perdonando** al idiota que te puso los cuernos.
- **Hablando** un idioma que nadie conoce.
- **Haciendo** *twerking* con la pared.

ESQUIVA EL ALCOHOL

Sabemos que rechazar las invitaciones insistentes a beber no es fácil, por eso, y para que le digas "no" al alcohol de manera guay y efectiva, compartimos contigo algunas frases a prueba de invitaciones alcohólicas.

"No gracias, prefiero no ver doble".
"Gracias, ya soy feliz".
"No puedo, estoy tomando medicamentos".
"No, me emborracho fácilmente".
"No, gracias, soy alérgica al ridículo".
"No hace falta, lo que ves es lo que soy".
"Mañana tengo examen".
"Me da vergüenza estar borracha".
"No puedo, el olfato de mis padres es más efectivo que un alcoholímetro".

¡BUSCA AYUDA!

Tienes un problema con tu consumo de alcohol si...

- Debido a él sufres problemas sociales, familiares, escolares, sentimentales y económicos.
- Tu tolerancia a la bebida es cada vez mayor.
- No puedes pasar más de una semana sin ingerir una gota de alcohol.
- Asumes que alcohol es sinónimo de diversión.
- Cualquier pretexto es bueno para beber.
- Te irrita que cuestionen tu manera de beber.
- Te invade la culpa después de beber.
- Tienes lagunas mentales.

NECESITO AYUDA PROFESIONAL

Actualmente hay miles de centros de atención primaria en adicciones.

Visita: www.fad.es

Teléfono: 900 161 515

PONTE A PRUEBA

Descubre si el alcohol quiere atraparte entre sus garras. Elige entre las dos opciones y marca tu respuesta con una x:

1. ¿Casi todos tus amigos ya beben?
   Sí ( )
   No ( )

2. ¿Algún familiar, novio o amiga te ha invitado a una bebida alcohólica?
   Sí ( )
   No ( )

3. ¿El alcohol aparece en todas las fiestas a las que vas?
   Sí ( )
   No ( )

4. ¿Ya has tenido tu primera borrachera?
   Sí ( )
   No ( )

5. ¿Sabes lo que es una resaca?
   Sí ( )
   No ( )

MAYORÍA DE SÍ

Estás en riesgo de generar una dependencia al alcohol, lo que acabará por convertir tu vida en un infierno. Lo mejor es que pongas remedio y evites por completo el consumo de estas bebidas; si no, por lo menos trata de beber en menor cantidad, con menor frecuencia y con más responsabilidad. Recuerda que, si bebes en exceso, el alcohol te consumirá a ti.

MAYORÍA DE NO

Hasta ahora estás a salvo de los falsos placeres ofrecidos por el alcohol, pero no bajes la guardia y mantente alerta ante cualquier amenaza. Si no quieres y no te interesa consumir bebidas alcohólicas, aléjate de ellas y de las personas que las consumen. Si te vas a emborrachar, que sea solo de felicidad y de cosas positivas.

#AMÍTAMBIÉN

Me da asco la comida

No hay duda, aquí la única gorda soy yo". Es la conclusión a la que llegas después de torturarte viendo el Victoria's Secret Fashion Show, con todos esos ángeles de alas grandes, tangas diminutos y brillos de lentejuelas a los que no se les mueve nada. Y lo piensas también al encontrar en Instagram o Snapchat imágenes de cuerpos esculpidos, perfectos, con cinturas diminutas, con la "cualidad" de esconderse a la perfección detrás de un folio. ¿Qué pasa con la evolución genética de tu familia? ¿De dónde salen todas esas mujeres superdelgadas, perfectas y sexys? ¡Son millones y están por todos lados! Como si tener un cuerpo definido fuera tan fácil.

Ahora va a resultar que la única que tiene carne alrededor de los huesos vas a ser tú... La única que no se siente feliz con lo que ve en el espejo, con la forma de sus mejillas, ni con su estómago que —delicado como es— odia la grasa, evita los dulces ¡y la comida en general!, a la que consideras tu enemiga. Nadie sabe del dolor de asistir a las fiestas familiares, a casa de tus abuelos, a tomar café con tus amigas, porque todas las reuniones giran en torno a la comida. Eres la única que sabe lo que pasa después de que desayunes fruta o comas a la fuerza lo que preparó tu madre, quien además te dice que "ya estás muy delgada". Ten cuidado porque igual algún día terminas con calambres en el estómago, dientes astillados y uñas quebradizas, tristeza y depresión, que no desaparecen ni al haber alcanzado la meta de los 45 kilos. Lamentablemente, no serás la única que acabará en Urgencias tratando de explicar cada moretón en tu cuerpo y a qué se debe tu excesiva caída del cabello.

PONTE A PRUEBA

¿MALA RELACIÓN CON LA COMIDA?

Es normal que a veces comamos de más, o incluso que se te quite el hambre por un examen superimportante, pero es básico reconocer si tienes algunos conflictos al relacionarte con la comida. Responde...

1 Cuando tienes la primera cita con el chico que te trae loca...

a) La caja de galletas (sí, la caja completa) desaparece misteriosamente del armario.

b) No duermo bien la noche anterior y solo hoy no como mi postre favorito.

2 Eso de las dietas...

a) Es algo en lo que me he vuelto experta. Las he probado todas, hasta la de no comer nada, excepto jugo de pomelo durante tres días... ¡y bajé cuatro kilos!

b) No son para mí, estoy en mi peso y no me gusta privarme de nada; además, lo quemo en la bici.

3 ¿Cómo te sientes respecto a la talla de tus vaqueros?

a) Tengo una 36, pero creo que me veo muuuuucha cadera.

b) Bien, mi talla ha crecido conforme pasan los años. Realmente me da igual porque me siento bien.

4 Las veces que evitas el desayuno es...

a) A diario, ¡las prisas por llegar al instituto son el mejor pretexto para rechazar los cereales que me preparó mi madre!

b) Estoooo, ¿por qué no desayunar?

5 ¿Buscas hashtags como #thinspiration o #thinspo en redes sociales?

a) Sí, para admirar los cuerpos que quisiera tener y asustarme con las obesas que a veces suben fotos a la red.

b) No, al contrario, creo que hay gente que comparte cosas que no son sanas.

6 En el instituto, ¿cómo te sientes?

a) Cansada, con sueño, con calambres y hormigueo en las piernas, ¡seguro que es porque la clase es hipermala!

b) A veces aburrida, pero para despertar participo en clase.

7 ¿Cómo es tu menstruación?

a) Tan rara como yo, a veces llega y a veces no...

b) Normal, mensual, puntual y... ¡fastidiosa!

8 Para ti, lo más importante es...

a) La apariencia, ser popular y parecerme a una de las chicas de Instagram que pueden tocarse el ombligo pasando el brazo por la espalda, ¡son geniales!

b) Mis notas, mis amigos y mi mascota. Claro, verme guapa y tener ropa nueva para la próxima fiesta también me gusta.

9 Si tus amigas te invitan a un café...

a) No voy, se pasan la tarde comiendo pasteles y tomando bebidas que tienen demasiado azúcar.

b) Sugieres ir a tu pastelería favorita..., ¡ñam!

10 Cuando tu madre te dice a "comer", generalmente respondes:

a) "No tengo hambre", "ya comí" o "cenaré en casa de mi amiga".

b) "Ojalá sea mi plato favorito, ñam".

11 ¿Alguna vez alguien te ha llamado gorda?

a) Sí, mi exnovio, y no lo puedo olvidar; vivo para tratar de demostrarle que está equivocado.

b) Sí..., pero ¿y qué? ¡Ni que ellos supieran más que los médicos!

RESULTADOS

MAYORÍA DE A

Estás obsesionada con los estereotipos y piensas que lo importante es el exterior, pero quizás tu costumbre de evitar la comida sea solo la respuesta a un problema emocional. Has hecho de todo con tal de parecerte a lo que consideras perfecto y, sin querer, estás poniendo en riesgo tu salud y tu vida. La ausencia de menstruación y las sensaciones de hormigueo y cansancio, así como tu falta de atención en el colegio, son señales de alarma. De hecho, tu desinterés por asistir a reuniones y eventos no solo es por la presencia de comida, sino porque de esta forma te expones: no hay manera de esconder tu cuerpo, de librarte de las miradas y de los juicios. ¡Cuidado! Podrías padecer un trastorno alimenticio como anorexia o bulimia.

MAYORÍA DE B

Tu salud es buena y tu relación con tu cuerpo es perfecta, estás feliz con lo que ves en el espejo y con lo que comes. Te encuentras en tu peso y no temes comerte el postre que te encanta. Sabes que a tu edad tu metabolismo está a tu favor y te mantendrás en forma gracias al partido de futbol que tendrás este sábado. Para ti, usar una talla 42 es la gloria y amas lo que está dentro de tus vaqueros, ya que te aceptas, te cuidas y te alimentas adecuadamente, sin excesos, pero sin privarte de nada. Bien por ti.

ALGO VA MAL

Si los anteriores signos de alarma no son suficientes, aquí te dejamos otra lista que te indicará si podrías estar padeciendo algún desorden alimenticio.

* **Prefieres** comer sola.
* **Ni de coña** pruebas alimentos altos en calorías, con mucha grasa, fritos o rebozados.
* **Discutes** con tus padres por las raciones de comida que te sirven, te parecen enoooooormes.
* **Cortas** la comida en pedacitos durante horas.
* **Bebes** muchísima agua, antes o durante las comidas.
* **El consumo** de productos light o sin azúcar te obsesiona.
* **Cuentas** las calorías de todo.
* **Realizas** mucho ejercicio físico, hasta caer rendida de cansancio.

COMER O NO COMER

Algunas de las actitudes anteriores podrían ser síntomas de las dos enfermedades que asesinan a más chicas en el mundo: la bulimia y la anorexia. Ambas se caracterizan por adoptar conductas que te alejan de una alimentación sana. Por ejemplo, en la primera consumes comida en exceso ("atracón"), después te arrepientes y eliminas lo consumido a través de vómitos o laxantes. En la anorexia, la pérdida de peso (provocada) va acompañada de una distorsión de la imagen corporal propia y del rechazo a los alimentos. Las dos tienen en común el miedo a engordar, lo que afecta los sentimientos y autoestima de quien las padece. Más allá de no comer, las personas que sufren estas enfermedades no están satisfechas con ellas mismas y sienten que no son tan guapas, ni tan delgadas, ni tan atractivas.

La psicóloga especialista en Anorexia, Bulimia y Obesidad, Claudia Casali, asegura que, aunque los pacientes comparten síntomas, se tiene que entender cada caso desde su particularidad y antecedentes familiares. Sin embargo, también es importante el discurso social: las relaciones, el culto a la imagen y los ideales de la sociedad con respecto al cuerpo delgado. "Todos estamos expuestos, pero no todos respondemos igual; lo hacemos según nuestra historia individual. Hablamos de generalidades para tratar de entender el fenómeno y la problemática, pero no habrá dos anoréxicos o bulímicos iguales. Por eso es importante darles espacio, escucharlas, hablar con ellos y que ellos mismos se conozcan y se escuchen desde su singularidad".

¿SABÍAS QUE...?
UNA DE LAS PRINCIPALES CONSECUENCIAS DE TRASTORNOS COMO LA ANOREXIA Y LA BULIMIA ES EL DAÑO DE LAS NEURONAS POR FALTA DE ALIMENTO.

ANA Y MÍA NO SON TUS AMIGAS

Desafortunadamente, quienes no han recibido apoyo médico y psicológico exhiben en sus perfiles de redes sociales, blogs y vídeos imágenes de sus costillas y piernas delgadísimas, sus trucos para bajar de peso, así como ejercicios y acciones peligrosas para invitar a más chicas a unirse a la "búsqueda de la perfección". Se llaman a sí mismas "princesas" y muestran estas enfermedades como algo guay. También se encargan de viralizar retos como el de "la hoja", que consiste en comprobar demostrar con una foto que su cintura no es más ancha que un folio. Estas webs ProAna (anorexia) y ProMía (bulimia) no te dejan ver las consecuencias de adoptar este estilo de vida, ya que la inanición (falta de alimento) causada por estos trastornos desencadena problemas físicos, que van desde calambres y hormigueo en piernas y brazos, baja presión arterial, huesos frágiles y pérdida de la menstruación (amenorrea) hasta desmayos, uñas quebradizas, pelo débil, dientes descalcificados, disminución del tamaño del corazón e incluso la muerte.

DECLÁRATE EL AMOR, NO LA GUERRA

1. **Deja de llamarte "vaca", "cerda", "gorda", ¡no lo estás!** Además, nadie es perfecto. El secreto es mirarte menos en el espejo, hacer actividades sanas y positivas, entre ellas ir a fiestas, practicar deporte y comer en familia.
2. **Haz una lista de todo lo que te gusta física y emocionalmente de ti.** Escribe cosas como "soy la que saca mejores notas", "hago poemas magníficos", "tengo mil amigas que me quieren", "mi carácter es genial" y todo lo que se te ocurra.
3. **Tú eres única, diferente, especial, lo mismo que tu anatomía.** Aceptarte como eres es la primera muestra de amor hacia ti misma.
4. **Puedes mejorar.** ¿No te gustan tus piernas?, ¡Haz sentadillas, súbete a la bicicleta o sal a correr! Eres dueña de tu cuerpo y de ti depende cuidarlo, mantenerlo sano y moldearlo. No te quedes sentada en el sillón. Tener la tripa plana es posible con ejercicio y una alimentación sana.
5. **Olvida las dietas "mágicas",** todas tienen efecto rebote o yoyó y en unos meses seguro que aumentarás de peso. Mejor visita a un nutricionista que te oriente para comer más sano.
6. **Aliméntate bien y a tus horas.** Recuerda las indicaciones de una buena propuesta por la Secretaría de Salud y que viene en el capítulo de "Me sobran kilos".

A ella también

"En boca cerrada no entran kilos", "#motivation", "las princesas no lloran", "#skinny", "nada sabe mejor que el sabor de sentirse delgada" y "#THINSPO" son algunas de las frases que aparecen en su blog e Instagram, acompañadas de fotos en las que, tumbada sobre la hierba, se sube la blusa y muestra sus costillas pegadas a la piel. "A los 13 años me di cuenta de que el ejercicio no bastaba y las dietas no eran tan efectivas como prometían. Sin pensarlo, dejé de comer. Aunque bajé de peso, mi aspecto tampoco me satisfacía, y a los 15, con solo cuarenta kilos, empecé a comer únicamente galletas saladas. Llegué incluso al grado de llevar siempre una servilleta de papel o un pañuelo para escupir mi saliva, ya que había escuchado que al día se producen entre un litro y un litro y medio de saliva y no quería que el líquido me inflara el estómago; también odiaba la estimulación que se producía al ver comida y sentir la boca inundada. La voluntad no basta para alguien que se siente tan sola, y las palabras de amigos, padres y expertos no alcanzan para entender lo que ocurre. Vomitar se ha vuelto un hábito, y ahora que he intentado dejarlo, no puedo. Todo lo que como lo vomito, como si mi cuerpo ya lo hubiera aprendido y rechazara toda la comida, la cual me produce miedo y culpa. Entonces llega la ansiedad y creo que me seguirá hasta la muerte. Igual que este olor a vómito". Anónimo, 18 años.

En voz del experto

La psicóloga Casali nos hace esta pregunta: ¿Por qué se busca la delgadez extrema? "La adolescencia es una época de duda, hay un encuentro con los otros, con la sexualidad. Las chicas se están despidiendo de su etapa infantil para llegar a una nueva. Cuando no están preparadas para enfrentarse a ello, pueden presentar problemas de alimentación. Lo que encuentran en ellos es desilusión y fracaso, pues, aunque lleguen a estar en el peso que se han impuesto, no cambia nada, porque ahí no está la respuesta. Piensan: '¡Ah!, entonces no son los cincuenta kilos, son 45', y al llegar a esa meta creen: 'Entonces, ¡tengo que llegar a los 40!'. No hay satisfacción porque es un ideal imposible de alcanzar.

"Como especialistas debemos construir con ellas un tratamiento, hacer que surjan las preguntas '¿qué me pasa?' y '¿por qué?'. El tema es entender que están sufriendo, que no pueden darse cuenta de lo que les ocurre y que necesitan compañía hasta dar con un profesional que lo trate. Las pacientes sufren un rechazo doloroso de lo que son, su necesidad de controlar su cuerpo las lleva a la tristeza, a la desesperación y a los pensamientos autocríticos. Hay un perseguidor interno que todo el tiempo les dice que no es suficiente.

"No eres solo un cuerpo que pesa 35 o 40 kilos, ¿qué más eres? ¿Eres inteligente, graciosa, creativa, sabes dibujar, bailas bien, eres graciosa o incisiva, irónica, contestataria, rebelde?, ¿qué más eres? Hay muchos caminos, pero debes saber elegir cuál elegir, ¿el que te lleva al malestar o aquel donde puedas encontrar preguntas como estas?: '¿por qué te pasa esto?', '¿quién habita en ese cuerpo con exceso de delgadez?'. Detrás de estos padecimientos hay chicas que no saben aún quiénes son y de qué manera serlo. Hay que abrir la posibilidad de hablar para que sepan qué pasa con ellas."

A MÍ TAMBIÉN

Me sobran kilos

¡Qué ropa tan guay la de ese escaparate! Te enamoras de unos vaqueros ajustados y entras despavorida en la tienda a buscarlos. Mientras husmeas en las estanterías, llega una dependienta para preguntarte: "¿Te puedo ayudar en algo? ¿Qué talla buscas?". Aunque te da vergüenza, respondes con voz baja: "XL, por favor". En el probador la cosa se empieza a poner difícil, pues los vaqueros no te entran; te estiras todo lo que puedes y aguantas la respiración para conseguirlo. Tus movimientos como de contorsionista china ayudan a lograr tu cometido, pero tus kilos de más se desparraman por todos lados y no puedes meter tripa sin correr el riesgo de que el botón de los vaqueros salga disparado como un tapón de sidra. Te miras en el espejo y tu deseo de estrenar ropa se desvanece. Como otras veces, te pruebas un montón de cosas y nada te vale. Los últimos rastros de tu cintura están a punto de desaparecer, y de tu abdomen sobresalen grandes pliegues, al igual que de tu espalda. La realidad es que tienes sobrepeso y necesitas hacer algo al respecto.

El inconveniente más pequeño de la obesidad es que no te valga la ropa que te gusta, lo más grave son los trastornos de salud que puede provocar. Estas son algunas herramientas que te ayudarán a conocer y a vencer al sobrepeso y la obesidad.

En voz del experto

"Es importante que dejes de pensar que estar gordita es sinónimo de ser sano o fuerte; no creas que si tienes obesidad es porque te estás desarrollando y con la edad bajarás de peso. Esa visión es una falta de conciencia no solo de una persona con esa enfermedad, sino también de su familia, su vínculo más cercano. Las probabilidades de que un niño obeso se convierta en un adulto obeso son del 80 %. Si ya existe el problema desde la infancia, nadie debe dejarlo pasar". Julieth Puello Castro, nutricionista de la Fundación Mídete.

PONTE A PRUEBA

Este test sirve para saber si una persona tiene obesidad (la enfermedad que se caracteriza por el exceso de tejido adiposo en el cuerpo) y también su grado. Consigue una cinta métrica, abre la calculadora de tu móvil y calcula tu propio Índice de Masa Corporal (IMC). Este dato se obtiene dividiendo tu peso entre tu estatura al cuadrado. Por ejemplo, si pesas 57 kg y mides 1,52 m, entonces divides 57 entre 2,31. Tu IMC es de 24,67. ¡Ahora haz tu propio cálculo!

¿QUÉ TE HA SALIDO?

De 25 a 26,9 = ¡Tienes sobrepeso! (por un pelo no tienes obesidad).

De 27 a 29,9 = Obesidad de primer grado (no te rías, estás sumando puntos para ser diabética).

De 30 a 39,9 = Obesidad de segundo grado (tu salud y tu vida están en riesgo).

Más de 40 = Obesidad de tercer grado (de lleno, personas con este nivel viven en un polvorín de dinamita).

AHORA, CALIFICA TUS HÁBITOS

La Organización Mundial de la Salud (OMS) asegura que la causa principal del sobrepeso y la obesidad es un "desequilibrio energético", es decir, comer más calorías de las que gastamos. ¿Estás haciendo esto? Responde con toda sinceridad.

1 Cuando vas al cine, ¿qué compras antes de entrar?

a) Palomitas y refresco gigantes, además de unos nachos; todo para mí solita.
b) Palomitas, pero las comparto con alguien.
c) Depende, si no he comido un helado últimamente, ¡me compro uno!

2 ¿Haces ejercicio?

a) No me gusta sentir todo el cuerpo sudado.
b) ¿Sacar a pasear a mi perro cuenta? ¿Y la clase de Educación Física?
c) Sí, desde pequeña voy a natación, kárate y ballet, ¡no puedo dejar de hacer deporte!

3 En una comida familiar, ¿qué hay para beber?

a) Refresco, ¡mi padre se bebe un litro completo o más!
b) Zumo.
c) Agua natural o bebidas bajas en calorías.

4 En una comida, ¿alguien te ha dicho: "¡Qué barbaridad! Deja algo para el perro"?

a) Todo el tiempo, me gusta comer mucho y de todo.
b) Una vez, cuando tenía mucha hambre y me hicieron mi comida favorita.
c) No, como bien, ¡pero sin exagerar!

5 ¿Comes a tus horas?

a) Nooo, es que salgo corriendo de casa y a veces ni desayuno.
b) A veces, porque mi madre se encarga de eso.
c) ¡Claro! Cinco comidas diarias para mantener a raya mi metabolismo.

6 Necesitas ir al súper y está a siete manzanas de tu casa, ¿en qué te vas?

a) En coche o en transporte público, pero antes investigo si tarda mucho la entrega a domicilio, ¡qué pereza salir!
b) Para ir voy caminando y para volver en taxi, ¡hace mucho calor!
c) Me voy en bici o corriendo, no está tan lejos.

MAYORÍA DE A

Comes sin ninguna restricción y no haces ni una sentadilla cuando se te cae un lápiz. ¡Vas en sentido contrario! Aunque te encuentres en tu peso ideal, estás haciendo todo lo posible para sumar kilos. Será mejor que sigas leyendo este capítulo y cambies de hábitos a la velocidad de un rayo.

MAYORÍA DE B

No eres de las chicas que quieren engullir todo lo que encuentran en el camino, pero tampoco haces las mejores elecciones a la hora de comer. Además, te falta ser más constante con el ejercicio, pues activarte un día y descansar seis confunde a tu cuerpo. No estás taaaan mal, solo necesitas realizar unos pequeños ajustes para mantener tu peso ideal.

MAYORÍA DE C

¡Genial! En tu casa llevan un estilo de vida saludable, que has adoptado. Sabes que la comida es tu mejor amiga, pero de nada sirve si no la complementas con ejercicio. Sigue así y mantendrás el sobrepeso y la obesidad muy lejos. ¡Aquí te puedes enterar de si estás haciendo las cosas bien o superbien!

¿POR QUÉ ESTÁ GUAY MANTENER TU PESO IDEAL?

He aquí los motivos para que le vayas bajando dos rayitas (o más) a la báscula, desde los más simples hasta los que tienen que ver con la salud.

* **No llegarás con la lengua fuera** ni necesitarás un tanque de oxígeno cuando corras.
* **Irás a las tiendas de ropa** y ni por error te mandarán a la sección de tallas grandes... ¡o a la de mujeres embarazadas!
* **Aparentarás tu edad,** pues el sobrepeso hace parecer mayor.
* **¡No más referencias** que tengan que ver con tu silueta! Olvídate del: "¿Cómo se llama esa 'gordita' tan maja?".
* **No es lo mismo que tus rodillas** y el resto de tus huesos carguen 55 kilos que 100. Si te mantienes en tu peso, ayudarás a que no se desgasten.
* **¡Puedes prevenir algunos tipos de cáncer!** De acuerdo con la Organización Mundial de la Salud (OMS), la obesidad está relacionada con el cáncer de mama y de colon, entre otros.
* **Al aumentar de peso, también elevas** el riesgo de tener diabetes. El cuerpo recupera energía de todo lo que comemos, absorbe nutrientes y libera desechos, entre otras cosas. Los carbohidratos y azúcares se convierten en glucosa, la cual se va directa a la sangre. El páncreas entra en acción liberando insulina, que sirve para nivelar esa glucosa y para que las células aprovechen esa "energía". Si te pasas en el consumo de esos alimentos, el páncreas se cansa y ya no produce tanta insulina, y sin ella ¡no hay manera de bajar la glucosa! Peor aún, hay quienes pueden desarrollar resistencia a la insulina.
* **La obesidad también está relacionada** con enfermedades cardiovasculares, es decir, con problemas del corazón y los vasos sanguíneos, ¡que son la principal causa de muerte en todo el mundo! Y es que la sangre no puede circular bien si no ayudas al corazón a bombear y llevas una vida sedentaria. Además, es común que las arterias se obstruyan, pues en sus paredes se pegan las grasas, como el colesterol, que viene directo de lo que comes.

¡LIBÉRATE YA DEL SOBREPESO!

La obesidad es multifactorial y hay que combatirla por todos lados. Aquí tienes las reglas básicas para atacarla:

---

1 COME EQUILIBRADAMENTE

Este eslogan lo escuchamos a menudo, ¡pero la mayoría no tenemos ni idea de cómo llevarlo a la práctica! Por eso, te damos estos trucos para equilibrar tus comidas. Puede servirte como un plan inicial para combatir el sobrepeso; pero ojo, ¡no es una dieta! Para ello debes consultar a un nutricionista, el médico especialista en alimentación, ¿ok?

- **En cada comida, tu plato debe contener muchas verduras.** Si pensamos en porciones, las verduras deben cubrir 3/4 partes del plato. Es mucho mejor si las comes crudas y con piel, así aprovecharás su fibra.
- **Las frutas son lo mejor, pero tampoco abuses de ellas.** O sea, un litro de zumo no es tan saludable, pues tiene demasiado azúcar. Una taza al día de tus frutas favoritas es perfecto.
- **No deben faltarte los cereales** (maíz, arroz, pasta, pan integral) o tubérculos (patata). La porción de estos alimentos debe ser mediana (del tamaño de la palma de tu mano). Es básico incluirlos para que tengas energía y no te duermas en clase (aunque tu profesor sea aburrido).
- **¿Eres de las chicas que pueden comerse media vaca a diario?** ¡Será mejor que domines tu instinto carnívoro! Los alimentos de origen animal deben ser la porción más pequeña de tu plato (no más grande que tu puño cerrado). Obviamente, en la categoría de la carne no entran el bacon ni el chorizo, a diario es mejor que consumas carne magra (sin grasa).
- **¡Hay que acelerar el metabolismo!** Haz cinco comidas al día: desayuno, comida y cena, además de dos comidas ligeras entre cada una. Eso sí, intenta mantener los mismos horarios.
- **Sabemos que mucha gente adora** la comida empanada y frita, pero mejor prepara recetas al horno.
- **No comas demasiada sal y azúcar,** y para endulzar utiliza mejor azúcar moreno.
- **La regla es tomar dos litros de agua diarios.** ¡Ojo! No quieras beberlo todo por la noche, es mejor que te hidrates a lo largo del día.

* **No intentes llamar la atención comiendo cantidades industriales.** Presumir de que engulles tres hamburguesas no es sano, tu cuerpo se acostumbrará a esas raciones y, aunque tu metabolismo sea bueno, ganarás peso poco a poco. No te confíes.
* **La comida basura, golosinas y refrescos** deben quedar lejos de la mesa y las salas de cine. Esos alimentos te dan "calorías vacías", pues contienen azúcares, sodio y grasas saturadas, pero no tienen vitaminas, hierro ni otros nutrientes.
* **Como te habrás dado cuenta,** estamos en el mundo del revés y ¡las raciones están al revés! Cuando vas a un restaurante te sirven un trozo gigante de carne (casi puedes ver media vaca en el plato) y muy poquitas verduras. ¿Qué puedes hacer? Comparte con tus padres y pide más verduras.
* **Sabemos que te descoloca** cuando lees por ahí "come frutas y verduras" y en la cafetería de tu insti solo venden dulces y fritos. Lleva comida saludable de tu casa, y pide a tus padres y a otros adultos que cambien los productos que ofrecen en el instituto.

2 MUÉVETE

Hay chicas que creen que haciendo "dieta" se pueden librar de hacer ejercicio. Pero eso no funciona. De nada sirve una alimentación saludable si no se completa la regla para bajar de peso: aumentar la actividad física. Por eso...

* **Ejercitarte todos los días** es tan importante como respirar, beber agua, hacer pis y todo lo demás. Si tienes esa idea bien metida en la cabeza, te será más fácil adaptar este hábito a tu estilo de vida.
* **Debes hacerlo diariamente,** por lo menos media hora en una actividad intensa. Elige un deporte que te guste, de lo contrario será un fastidio. Eso sí, si terminas fresca como una lechuga, sin rastros de sudor y sin la lengua fuera, ese ejercicio no te ayudará a adelgazar; la rutina que elijas debe acelerar tu corazón y tu respiración, pero debe permitirte hablar sin sofocarte.

- **"Estoy de exámenes y no me puedo levantar temprano"**, "mis zapatillas están destrozadas", "hace muuucho frío y mis pechos se encogen" son solo excusas absurdas para no moverte. Cuidar tu vida supera cualquier excusa.
- **Adáptate. Sabemos que te encantaría** correr de noche por toda la ciudad, pero tus padres se morirían del susto porque te pueden atropellar o asaltar, así que, si tienes que hacer ejercicio entre cuatro paredes, ¡hazlo! Salta la comba, sube y baja las escaleras de tu casa, pon tablas de ejercicios o tus canciones favoritas de YouTube y copia los pasos.

Ejercitarte todos los días es tan importante como respirar, beber agua, hacer pis y todo lo demás.

---

3 CUIDA TU MENTE

Aunque no lo creas, los rollos psicológicos influyen en el problema del sobrepeso y la obesidad. En la cabeza de muchas chicas como tú hay una revolución de ideas debido a los cambios biológicos y al deseo de cuidar su imagen y ser aceptadas. Si identificas señales de alerta como estas, es hora de ir al psicólogo:

- **Eres rechazada por ser gordita** y no tienes much@s amig@s.
- **Estás pasando por una etapa de crisis,** como el divorcio de tus padres, y eso te provoca ansiedad y comes más.
- **Te sientes sola, triste o estresada...** ¡y comes como si no hubiera un mañana! En especial pasteles, postres, galletas y toda clase de golosinas (las cantidades industriales de azúcar provocan euforia).
- **Crees que estás destinada a ser la gorda** a quien nadie va a querer, y por eso no te importa comer más y más.
- **Los chicos no te hacen caso** y prefieres que siga así para que no te rompan el corazón.

* **Has intentado muchas veces bajar de peso** y, cuando empiezas un plan, ya estás mentalizada de que fracasará.
* **Nada te motiva,** sientes que nadie te quiere ni te entiende.
* **Cuando tu estado de ánimo está fatal,** comer te hace sentir mucho mejor.

Con estos consejos y tu fuerza de voluntad encontrarás motivaciones para salir adelante y, sobre todo, para entender que, en la guerra contra el sobrepeso, ¡tú triunfarás!

---

4 NO CREAS EN MITOS

Muchas chicas que quieren adelgazar se encuentran con cuentos que solo complican todo. Aquí algunos que no debes creer...

DEJAR DE COMER

Muchas creen que su problema se resolverá dejando de comer. A todas nos debe quedar claro que comer no significa engordar; al contrario, dejar de hacerlo puede sumarte más kilos. Cuando haces varias comidas saludables al día aceleras el metabolismo; en cambio, si te saltas comidas, el cuerpo se descoloca, y como no sabe cuánto tiempo tardarás en darle de comer otra vez, almacena sus reservas de energía, que no son otra cosa que tejido adiposo para la época de carestía.

PROBAR REMEDIOS EXPRÉS O AUTORRECETARTE

Tu amiga probó unas pastillas que quitan el apetito y otra se inyectó no sé qué en la tripa para "deshacer la grasa". No tomes ni te metas nada, a menos que un médico calificado te lo recete (olvídate de los que hacen milagros, consejitos de tus tías y amigas). La obesidad no se ataca con una pastilla que se salte los pasos básicos (comida equilibrada y ejercicio), eso no existe, es ciencia ficción.

SER DELGADA POR TEMPORADAS

Se acerca el verano o la fiesta de fin de curso y muchas chicas piensan en soluciones exprés para bajar en una semana los diez kilos que han subido en el último par de años. El cuerpo no sabe de días festivos ni de vacaciones, hay que darle lo que necesita: comida y actividad todos los días.

EN TU CASA... ¿TODOS SON RELLENITOS?

Hay genes relacionados con la obesidad; sin embargo, los expertos señalan que los hábitos pueden influir más que la propia genética. Por eso, comparte este capítulo con toda tu familia para que juntos podáis cambiar de hábitos y manteneros en vuestro peso. Guíalos cuando vayan al súper, llena el carrito con muchas verduras y saca la comida basura. Ponte en plan regañón (como ellos) y diles: "No compres esas patatas, ¿no sabes que solo es harina con mucha sal?".

¡MALDICIÓN! ¿Y SI NADA FUNCIONA?

A veces, las reglas anteriores no son suficientes. Pierdes la fuerza de voluntad y parece que nadie puede ayudarte. Si crees que ya lo has probado todo y no bajas de peso, te sugerimos no perder más tiempo y buscar la ayuda de un médico con especialidad en obesidad y en cirugías para bajar de peso de manera drástica. Hay casos muy específicos de obesidad en los que el metabolismo falla, en los que algunas sustancias con nombres raros (endorfinas, serotonina, dopamina y otras más) están desequilibradas y por eso una persona no para de comer, pues no le llega la señal de saciedad. En fin, este médico se dedica a investigar a fondo las razones de la obesidad y a atarcarla con medicación o métodos quirúrgicos.

A ella también

"Mis padres se divorciaron, mi madre trabajaba todo el día, mi hermano, que es cuatro años mayor que yo, nunca estaba en casa y yo me pasaba el día comiendo delante de la televisión. En el colegio sufrí *bullying*. Mi madre siempre me decía 'baja de peso'. Que te presione alguien a quien quieres es muy doloroso porque sientes un rechazo automático. Ella me decía: 'Te voy a llevar con el médico de las agujas', 'mejor el de las pastillas', 'te he traído este té que me han dicho que es buenísimo'..., pero nada servía. A los 16 años engordé 20 kilos y desde entonces seguí subiendo más y más. Al igual que mi talla, mi depresión fue creciendo y nadie detectó esa otra enfermedad. Es una realidad horrible ser una persona obesa, no eres la gordita feliz, eres alguien que quiere vivir, pero a quien la enfermedad no le deja". Gloria L.

A MÍ TAMBIÉN

Me ofrecieron drogas

La fiesta es increíble! Amigos, chicos guapos, buena música, cero padres, mucho descontrol y diversión total. Las horas pasan y llegan más desconocidos. Todos cantan, ríen, juegan, bailan y se emborrachan, y aunque tú también has bebido, aún tienes los sentidos totalmente activos. De repente, un olor extraño golpea tus fosas nasales; abres los ojos y sin parar de bailar comienzas a escanear detenidamente todo el lugar: descubres a muchos vencidos por el alcohol derrochando pasión y, justo detrás de ti, a un pequeño grupo de chic@s alegres, con ojos rojos, pupilas dilatadas y movimientos lentos que se va pasando un enorme y oloroso porro de marihuana. "¿Se están drogando?", te preguntas, y confirmas tu duda cuando una amiga lo acepta abiertamente. Tienes miedo, dudas, curiosidad, tu cuerpo se paraliza y no sabes qué hacer: ¿ignorarlos o prestar más atención?, ¿acercarte o huir? Al final, te quedas y confirmas que se están consumiento esta y otras sustancias ilegales.

Después de varios minutos de respirar indirectamente el humo exhalado por esos chicos, en tu cabeza surge otra pregunta: "¿Qué se sentirá?". Y la respuesta llega al instante, una amiga aparece junto a ti, enciende un porro más fino que el de los chicos de atrás y le da una calada profunda. Mientras estira el brazo para acercártelo, con voz lenta y ronca te dice: "Vengaaaa, está muy bueno, dale una calada, no pasa naaada, solo uno para que te relaaaaajes". La miras fijamente, pero no la escuchas, en tu interior estás librando una batalla: tus deseos de ser aceptada, la curiosidad, el ambiente, tu rebeldía y la insistencia de tus amigos dicen que SÍ... El temor, tu moral, educación, inocencia y tus padres dicen lo contrario.

¡LA FIESTA ES INCREÍBLE! DE REPENTE, UN OLOR EXTRAÑO GOLPEA TUS FOSAS NASALES: UN PEQUEÑO GRUPO DE CHIC@S ALEGRES SE VA PASANDO UN ENORME Y OLOROSO PORRO DE MARIHUANA.

PONTE A PRUEBA

¿COQUETEAS CON LAS DROGAS?

Cuando las sustancias ilegales se cruzan en nuestro camino es imposible ser indiferentes, así que responde nuestro test y descubre cuál es tu postura ante las drogas.

1 ¿A qué edad crees conveniente probar o iniciarte en el consumo de estupefacientes?

a) Preferiblemente después de los 18, nunca antes.
b) Sinceramente, no creo que exista una edad adecuada para ello.

2 Al enterarte de que tu ídolo consume alguna sustancia prohibida, tú...

a) Lo apoyo, lo entiendo y hasta me gustaría probar lo mismo.
b) Me decepcionó un montón, lo veía como un ejemplo a seguir.

3 La única persona de la que aceptarías alguna droga sería...

a) Mi mejor amiga, A mi novio, A mi herman@, A mi prim@ mayor, algún profe.
b) Mi médico, y tendría que explicarnos bien a mis padres y a mí cómo funcionaría.

4 Tu acceso a las drogas es...

a) ¡Facilísimo! Las venden a la puerta de mi instituto como si fueran golosinas. Mis compañeros las llevan en el bolsillo y nunca faltan en las fiestas.
b) ¡Nulo! No suelo juntarme con personas que las consumen, ¡me dan miedo!

5 De ser consumidora, ¿les ofrecerías droga a tus amigos?

a) ¡Claro que sí! Sería muy egoísta no compartir algo que compartieron conmigo.
b) ¡Claro que no! Una verdadera amiga no te da veneno, ni te presta una pistola para que te suicides.

6 Las chicas que se drogan te parecen...

a) Muy guays, valientes, liberales y atrevidas.
b) Carentes de autoestima y atención de sus padres. ¡Pobres!

7 ¿Las drogas matan?

a) Solo algunas y si se consumen en exceso, pero la mayoría son inofensivas si se consumen de vez en cuando.
b) ¡Por supuesto! Pueden crear una terrible adicción que aniquila tu existencia.

MAYORÍA DE A

Las drogas y su consumo te parecen bastante guays, no las temes ni las rechazas, las consideras algo NORMAL dentro de tu círculo social y en ocasiones hasta necesarias para divertirte. Es probable que ya hayas aceptado probarlas, lo cual está fatal, porque eso indica que desconoces los riesgos y las consecuencias de los narcóticos en tu cuerpo.

MAYORÍA DE B

Ya sea por decisión o por temor a los riesgos y consecuencias, las drogas y tú simplemente no os lleváis bien; y, aunque probablemente has sentido curiosidad por sus efectos, cada vez que aparecen en tu vida te pones a la defensiva, emprendes la huida y escapas de lo que consideras peligroso. Prefieres vivir con la duda de qué se sentirá a correr el riesgo de caer en una adicción.

A ella también

"Soy de las personas que hablan a todo el mundo, así que tenía una amiga que se drogaba, pero, como era muy simpático conmigo, yo le seguía hablando. Un día al salir del instituto me vio un poco deprimida, se me acercó y me preguntó si estaba triste, le dije que sí, que un poco, y entonces me ofreció 'maría', así regalada, me dijo que con eso se me quitaría y me olvidaría de mis problemas. Enseguida le dije que no, pues mi madre siempre me ha dicho que uno debe ser fuerte mentalmente para rechazar ese tipo de cosas. Después de ese día nos dejamos de hablar, se terminó la amistad y ya no he sabido nada de ella. Desde ese momento ya nadie me ha vuelto a ofrecer, porque ya corrió el rumor de que les digo que no". Daniela, 14 años.

Y SI LAS PRUEBO, ¿QUÉ?

Aunque consumir drogas es perjudicial a cualquier edad, los expertos aseguran que hacerlo durante la adolescencia es aún más peligroso, ya que durante esta etapa tu cerebro sigue en desarrollo y muchas de tus decisiones se basan en las emociones y el placer. Así, lo que empieza simplemente por probar solo una calada por curiosidad, por necesidad de aceptación o deseo de refugiarse de los problemas emocionales, puede llegar a convertirse en un hábito, después en un abuso que produce problemas físicos, mentales y sociales, y por último en una adicción que podría llevarte a la muerte. ¡Es terrible! Las drogas sí matan; consulta "Me cegaron las copas" y conoce más motivos y consecuencias de las adicciones.

En voz del experto

De acuerdo con el doctor Miguel Ángel Mendoza Meléndez, director de investigación, el primer encuentro de un adolescente con las drogas proviene de alguien cercano. "Nuestros estudios revelan que si el adolescente tiene un amigo o amiga que consume sustancias, será esta persona con quien tenga el primer acercamiento. Si después de experimentar por primera vez se vuelven dependientes, entonces ya buscarán dónde y con quién adquirir dicha sustancia, pero el primer contacto es con alguien cercano". Según el experto, existen dos motivos muy comunes por los que alguien te puede ofrecer drogas: "Los amigos lo hacen con la promesa de que te sentirás mejor; los vendedores, por su parte, están buscando clientes para ganar dinero, y el hecho de que te hagas dependiente los beneficia. Desafortunadamente, hay muchos consumidores que llegan a deber tanto dinero que optan por robar, pues si no pagan ponen en peligro su vida".

ASÍ TE QUERRÁN CONVENCER...

Quienes te quieran inducir a las drogas usarán estrategias como estas para que digas que SÍ. Conócelas y evita caer en la trampa.

ESTRATEGIA	FRASE TRAMPA	REALIDAD
Chantajearte	"Si no la pruebas, revelaré x secreto".	Te aseguramos que ningún cotilleo es más importante que tu salud.
Avergonzarte	"La friki no quiere porque aún es una niña y les tiene miedo a sus papás, *¡pobeshita!*".	Más friki serías si aceptas y te quedaras enganchada.
Retarte	"Te daría, pero eres tan niña que seguro que ni te atreves".	Mejor asume el reto de no probarla y vivir sanamente.
Amenazarte	"Si no le das una calada, te partimos la cara".	Solo quieren asustarte; pero, si te atacan, tienes que defenderte y hablarlo con tus padres o profesores.
Recompensarte	"Si fumas, acepto ser tu novio", "si lo pruebas, te paso el examen".	Qué mejor recompensa que no probarla y vivir con tus cinco sentidos funcionando al cien por cien.
Insistirte	"¿Vas a querer? ¿Ahora sí? Solo una calada. He traído para todos, ¿quieres?".	Mantente firme, siempre di NO, a ver quién se cansa primero.
Presionarte	"Todas lo hemos probado ya, solo faltas tú... y si no aceptas, estás fuera del grupo".	¡Genial! Corre y busca un grupo más sano.
Influirte	"Si muchas *celebrities* la consumen, ¿por qué tú no?".	¡Muy fácil! Porque te quieres, te cuidas y no sigues modas.
Confundirte	"Esta es muy suave, no te hace daño", "es sabor fresa, no te pasa nada".	No eres un ratón de laboratorio para que experimenten contigo.

¿POR QUÉ DECIRLE QUE NO A QUIEN TE INVITA?

* **Básicamente porque esa persona no te quiere,** no le importas y por lo tanto no es de fiar.
* **Porque no las necesitas,** toda tu vida has vivido sin ellas y puedes seguir haciéndolo.
* **Porque, a menos que un médico te las haya recetado,** ¡no son vitales! Al contrario, son perjudiciales para tu organismo. Existen muchas drogas artificiales cuyos componentes aún se desconocen.
* **Porque su posesión es un delito.**
* **Porque un camello solo te ve como un negocio** y, por lo tanto, hará lo imposible por causarte adicción y que te gastes todo tu dinero.
* **Porque su fabricación, distribución y comercialización** forman parte de un negocio que ha costado muchas vidas.
* **Porque de hacerlo podrías alterar tu realidad** de manera tan peligrosa y desconocida que dejarías de ser tú.
* **Porque destruyen tu confianza, tu autoestima,** así como la relación con tus padres y amigos.
* **Porque acaban con tus sueños y con tu vida.**

En voz del experto

"Los jóvenes no se dan cuenta de lo nocivas que son las drogas para su salud porque los daños que ocasionan no son inmediatos ni a corto plazo".

Doctor Miguel Ángel Mendoza.

ESQUIVA LAS DROGAS

Compartimos contigo algunos consejos que te ayudarán a evitar la seducción de cualquier narcótico.

---

* **Permanece en zonas seguras.** Lo ideal sería que no frecuentaras los sitios donde sabes o supones que habrá drogas, pero esto es tan impredecible que tendrías que quedarte encerrada en casa, pues hay estupefacientes en todas partes, desde la salida de tu instituto hasta las fiestas, conciertos y eventos deportivos, así que lo mejor es que, en cuanto notes que alguien se está drogando, te alejes. Sigue a lo tuyo y no le prestes demasiada atención.

---

* **Rodéate de gente que te quiere.** La incomprensión de tus padres, la traición de tu mejor amiga, la ruptura de tu novio y hasta un cero en mates pueden desencadenar sentimientos de soledad, desesperación, angustia y depresión. Es de lo más normal, pues estás enfrentándote a experiencias nuevas y algunas a veces son dolorosas. Lo que no mola es que te refugies en las fauces de los porros, pastillas, o rayas. Si te sientes mal, habla con tus padres, profesores, verdaderos amigos o directamente con algún profesional que te ayude a enfrentar de la mejor manera tus conflictos.

---

* **Investiga.** Si tu curiosidad es muy grande y te mueres por saber qué se siente, ¡NO LAS PRUEBES! Te recordamos que puedes leer el capítulo "Me cegaron las copas", donde se mencionan algunos síntomas y consecuencias de las adicciones, o si quieres algo más *hardcore*, acude a algún centro de desintoxicación; ahí te solucionarán tus dudas y te darán la posibilidad de hablar con alguien que padezca alguna adicción, y así conocerás su historia y entenderás mejor que el daño es real.

---

* **Alza la voz.** Si a la salida de tu instituto o en algún otro lugar regalan o venden drogas, no seas indiferente y avisa a tus padres o profesores. ¡No tengas miedo!

DIME CON QUIÉN
TE JUNTAS...

– CAPÍTULO 4 –

AMIGOS

A MÍ TAMBIÉN

A MÍ TAMBIÉN

Me hacen bullying

Asustada, sola en el baño, con miedo de que "ella" te encuentre, intentas no hacer ruido. Afuera se oye barullo, las risas, los juegos de tus compañeros en el recreo, y tú... tú solo quieres llorar. Tu corazón late a mil por hora cuando la escuchas llegar a "ella" y a sus amigas. Arman mucho escándalo, dan patadas a las puertas y entre risas burlonas gritan tu apodo. Te gustaría desaparecer en un acto de magia perfecto, pero no. Lo único que alcanzas a hacer es cerrar los ojos, deseas que lo que está a punto de pasar no sea real. Tratas de imaginar que los golpes, insultos y amenazas son solo parte de una pesadilla, pero entonces ¿por qué duelen? ¿Pedir ayuda? ¡Para qué! "Ella" va a negarlo todo; además, los adultos dirán que "está jugando", "que son cosas de muchachas", "que no es grave". Enfrentárte a ella, ¡ni loca! Ya probaste la fuerza de sus manos en tu cuerpo, ¡y tanto que es fuerte, muy mala y sabe dar patadas! Como siempre, vuelves a casa odiando el instituto, tu suerte y a la chica que, de la nada, empezó a molestarte como su pasatiempo favorito. Entre lágrimas te preguntas, mientras miras las huellas moradas de sus dedos en tus brazos, por qué a ti, por qué precisamente a ti.

PONTE A PRUEBA

¿SE ESTÁN PASANDO?

Entre una broma que todos disfrutan y un abuso en el que tú eres la víctima, hay mucha diferencia.

1 Aunque en tu clase hay chicos que te caen bien y otros mal, hay varios a los que...

a) Les sigo el rollo.
b) Les tengo miedo.
c) Quisiera borrarlos del planeta.

2 La mejor broma que te han gastando incluía...

a) ¡Collejas y encerrarme sola en la clase!
b) Mi cara en el váter o mi pelo lleno de tinta, tirar mis libros o robar mis cosas.
c) Un plan superdivertido en contra de la friki que me molesta. ¡A mí nadie me molesta!

3 El apodo con el que te llaman en el instituto es...

a) Guay, ¡me hace bastante gracia!
b) Horrible, me deprime que me llamen "la Peggy", "la caballo" y cosas así.
c) Por favor, está claro que soy yo la que tiene las mejores ideas y pone los apodos más originales.

4 Esa chica a la que le caes mal te odia porque...

a) ¡Ni idea! De pronto me aplicó "la ley del hielo".
b) No le gusta la música que me mola ni mi forma de vestir.
c) ¡Le hago la vida inposible!

5 Las cosas que ese grupito de chicas te dicen te hacen sentir...

a) Confundida, ¿de qué están hablando?
b) Humillada, sola, triste y sin amigos.
c) ¡Importante! Es un halago que piensen en mí.

6 Eres víctima de una broma pesada...

a) Una o dos veces a la semana.

b) ¡Ya perdí la cuenta! La pregunta debería ser "¿cuántas al día?", pues hasta por internet me molestan.

c) Casi siempre soy yo la ocurrente.

RESULTADOS

MAYORÍA DE A

¡Cuidado!

En realidad te están acosando, pero o no le das importancia o aún no es tan grave como para hacerte daño. Lo más probable es que cuentes con una autoestima de hierro que te permite ignorar las ofensas y minimizar las agresiones. Que cierto grupito no te trague o te ignore con la típica "ley del hielo" no es tan malo para ti porque sabes que esas personas no son de fiar ni enriquecen tu vida. ¡Mejor sola que mal acompañada! De cualquier forma, aquí te enseñaremos a marcar los límites que te permitan mantenerte a salvo de los abusos.

MAYORÍA DE B

Autoestima aniquilada

Sin duda lo tuyo es *bullying*, porque se trata de un abuso constante por parte de la misma persona o grupito de chic@s que tiene la intención de hacerte daño física o mentalmente y llevas tiempo sufriéndolo. Y aunque has escuchado el término mil veces, vivirlo es muy diferente, pues te duele, te hace sufrir, te atemoriza y te quita las ganas de ir al instituto o de abrir tu perfil de Facebook, porque sí, ahí también hay insultos, memes, amenazas y burlas sobre ti. No te sientes segura en el instituto y tienes miedo de contarle a alguien lo que te pasa, pues consideras que no puedes hacer nada para cambiarlo, crees que puedes acostumbrarte al acoso y que te lo mereces.

MAYORÍA DE C

Eres la agresora

Cuidado con tus respuestas, pues todo parece indicar que te diviertes a costa de los demás; las bromas pesadas y de mal gusto siempre salen de tu cabeza. Es probable que creas que lo que haces es gracioso o que te convierte en una figura importante en tu clase, pero la realidad es que la única que se divierte eres tú, pues tus acciones tienen el objetivo de herir a otros. Eres agresiva y no te importa lo que sienten tus víctimas, no tienes empatía y desconoces el significado de las palabras "remordimiento", "respeto" y "tolerancia". Ser experta en poner apodos no te hace una chica guay, sino alguien desagradable de quien hay que escapar de inmediato.

¿CÓMO DIFERENCIARLO DE UNA BROMA?

Justo ahí tienes la respuesta: ¡es solo una!, y generalmente no te la gastan las mismas personas. Según Fundación en Movimiento, cuya misión es ayudar a erradicar el *bullying*, este término se refiere "a todas las formas de actitudes agresivas, intencionadas y repetidas que ocurren sin una razón clara, adoptadas por uno o más estudiantes en contra de otro u otros". Se trata de un asunto que sucede en el colegio o instituto y en el que hay un agresor *(bully)* y un agredido (víctima).

ES *BULLYING* SI...

- **Sufres frecuentemente actos** que te intimidan, asustan, angustian o te dañan física o emocionalmente, todos los días, a todas horas y por cualquier medio.
- **Existe una diferencia de poder** entre quien te hace daño y tú. Ya sabes, es más grande que tú (de edad o físicamente), es más fuerte, alt@, corpulent@, etc.
- **Siempre son l@s mism@s chic@s** quienes te molestan.
- **Las amenazas** te llevan a faltar a clases o saltarte aquellas en las que sabes que encontrarás a los agresores.
- **En casa tienes problemas** para dormir, te sientes triste, con miedo, nerviosa y tus notas bajan constantemente.

LO QUE EL AGRESOR HACE INCLUYE...

- **Agresión física directa** (golpes, collejas, empujones, manotazos, patadas, zancadillas, robarte o esconder tus cosas).
- **Agresión verbal** (te pone apodos, te insulta, se burla de ti o te amenaza).
- **Agresiones psicológicas/sociales** (cuentan cotilleos, difunden información falsa o denigrante sobre ti).
- **Agresiones virtuales/*ciberbullying*** (amenazas a través de mails, publicación de fotos ofensivas en redes sociales, chats o mensajes de texto con amenazas al móvil).
- **Agresión social** (se aísla a un miembro del grupo, se le deja de hablar o se le excluye de determinadas actividades).

A ella también

"A mi hermana le hicieron *bullying* en el instituto. Aunque al principio hizo amigos y todo, la cosa cambió cuando se hizo novia de un chico que resultó ser un idiota porque la engañó con una chica que estaba loca. Mi hermana lo dejó, pero, como la nueva novia odiaba a mi hermana, fue al psicólogo del instituto y la acusó de hacerle *bullying*, cuando fue totalmente al revés. Su exnovio le dijo a todos los compañeros de mi hermana que era superceloso y mentirosa, y con sus mentiras logró que todos los de su clase dejaran de hablarle. Solo tenía una amiga. Lo peor es que ella cayó en una depresión muy fuerte, la llevaron al psicólogo y mis padres exigieron que la cambiaran de clase, y así fue. Ahora ya está mejor. Yo le decía que siempre iba a estar con ella, que no debía importarle lo que le dijeran o hicieran los demás, porque había quienes sí la queríamos, y que quienes la trataban mal eran solamente un pequeño grupo y en el futuro se iba a encontrar con personas mejores". Lilian, 14 años.

CONTRA EL *CYBERBULLYING*

- **Conserva pruebas del acoso,** como capturas de pantalla de e-mails y mensajes. Muéstraselas a un adulto que pueda ayudarte.
- **No abras los nuevos e-mails** de tu agresor.
- **No le contestes** ni te metas en discusiones.
- **Lo más importante,** ¡bloquéalo en tus redes, e-mail y móvil!
- **No compartas con NADIE** fotos o cosas que preferirías mantener en privado, no sabes si alguien va a usarlas en tu contra.
- **Jamás compartas tus contraseñas** y cámbialas con frecuencia.
- **Si el acoso se da en redes sociales,** revisa las políticas de privacidad y protección, seguro que puedes contar tu caso y buscar que tomen medidas contra tu acosador.

10 COSAS QUE PUEDES HACER

Nos queda claro que quienes hacen *bullying* eligen a personas vulnerables, cuando están solas e indefensas. Visto así parece una batalla perdida, ¿verdad? ¡Pues no! Es posible defenderse creando un plan de acción.

Elige a una persona de confianza para contárselo todo. Busca un lugar tranquilo para hacerlo, y pídele todo su tiempo y atención.

No sientas vergüenza, no tienes que justificarte. Llevas mucho sufriendo en silencio, ¡ya no más!

No olvides detalles, cuéntale dónde se realizan los ataques, cada cuanto tiempo y, principalmente, quiénes son l@s responsables.

No pienses que eres una chivata o una llorona. Lo que estás haciendo es pedir ayuda.

No te quedes sola en el colegio. Al esconderte del agresor, los profesores pueden perderte de vista.

En cambio, busca compañía, evita quedarte al alcance de tus acosadores. La cercanía de verdaderos amigos es necesaria.

Cuando se acerquen o sientas que están a punto de agredirte o golpearte grita: "¡Fuego!", seguro que algún adulto te escuchará y correrá a buscarte.

Suena ridículo, pero si puedes... ¡corre!

Defiéndete si te ves en la necesidad por una situación de peligro. Obviamente no te estamos sugiriendo que tengas un comportamiento violento.

Finge que vas a vomitar, que te sientes mal, ¡o desmáyarte! (practica antes en casa un acto que parezca real).

No estás sola. Por más que pienses que tu madre no te va a entender, ¡no te calles! Te sorprenderá el apoyo que te puede brindar. ¡Hay muchas formas de frenar al agresor! Si involucras a un adulto será más sencillo lograrlo. Reconocer tus valores te ayudará a ganar seguridad y a no creer lo que tus acosadores te dicen. Tampoco veas las agresiones como algo normal ni pienses que te las mereces.

En voz del experto

Nick Vujicic es más que un conferenciante motivacional; aunque nació sin extremidades, es un chico con un testimonio de superación y poder emocional y uno de los detractores más fervientes del acoso escolar. De hecho, en su autobiografía afirma que fue víctima de *bullying*: "Me gustaba ir a la escuela y trataba de vivir como todos los demás, pero en mis primeros años me enfrenté a rechazos y burlas. Sabía que era diferente por fuera, pero en mi interior era exactamente igual a los otros. En muchas ocasiones me sentía decaído y no quería enfrentarme a la realidad negativa. Hubo momentos en que caía en la depresión y el enojo porque no podía cambiar mi físico. Llegué a pensar en terminar con mi sufrimiento y mi vida. Mis padres y mi familia estuvieron siempre ahí para darme fuerza".

Durante la presentación en México de su libro *antibullying, Un alma valiente,* les habló a l@s chic@s que sufren acoso en la escuela: "Sin importar que seas una jovencita con una discapacidad o no, a todos les hacen *bullying* de alguna forma, y para hacerle frente primero tienes que estar agradecido por lo que sí tienes y saber que no debes parecerte a nadie más, ni hacer lo que otra gente hace para ser guay. Debes entender que tienes valor, eres hermosa. ¿Por qué eres tan dura contigo misma?, ¿por qué ejerces una presión que no necesitas para ser alguien que no tienes que ser? No te preocupes por la forma en que te miran los demás, tienes que ser tú misma y celebrarte".

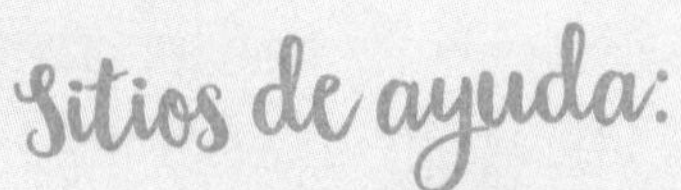

www.acoso-escolar.es

www.anar.org

900 018 018

A MÍ TAMBIÉN

Me traicionó mi mejor amiga

Sientes la cara roja de coraje y desilusión. Te preguntas por qué ha pasado eso, mientras tus lágrimas no dejan de escurrir por tus mejillas calientes. ¿Cómo pudo haber dicho esas cosas a tus espaldas? ¿No se suponía que érais como hermanas, casi mellizas, siamesas unidas para siempre? Experimentas una mezcla de enfado y vergüenza, pues por un lado te sientes supertonta por haber confiado en "esa" que creías tu amiga, y por el otro, tu estómago estalla de rabia y molestia por la traición que te ha hecho. Le confiaste tus más íntimos sueños, le prestaste tu cama y tu esmalte favorito, además de que casi se termina tu perfume. Eso sin recordar que en la intimidad de tu habitación le contaste tu secreto más grande, tus problemas familiares y hasta el nombre del chico que te gusta, para que la muy &es%a$ciad@ terminara contando tus secretos a las chicas de tu clase, quienes se reían a carcajadas cada vez que te miraban. Y, no conforme con eso, se hizo la tonta e ignoró la atracción que sentías por tu chico encantador y está haciendo todo lo posible por quitártelo... ien tu cara! *WTF?!* Tu supuesta mejor amiga te estuvo mintiendo tooodo el tiempo y tú, ingenua y confiada, le cogiste cariño, la creías tu más cercana relación y la amiga con la que terminarías compartiendo la habitación del asilo y recordando anécdotas escolares. Lo peor es que jamás notaste el cuchillo que tenía, el cual terminó por clavarte en la espalda.

PONTE A PRUEBA

Quizás estés confundiendo las buenas intenciones de una amiga con la maldad de una chica que no te quiere. ¡Averígualo!

1 Se acerca la fiesta de graduación. Tu amiga...

a) Te acompaña a comprar un vestido y, cuando das con el indicado, dice algo así: "Está genial, pero deja las patatas fritas este mes".

b) Cuando te pruebas el primer vestido te jura que es el mejor, zapatea en el suelo con impaciencia y te pide que lo pagues ya para que pueda escoger el suyo.

2 De pronto, y sin saber cuándo ni cómo, te has hecho fan del vómito y los laxantes. Ella...

a) Te delata y les cuenta a tus padres todo el numerito.

b) No te dice nada, pero sabes que envidia tu figura.

3 Ya es más de medianoche y tus padres no saben dónde estás (y tu mejor amiga sí), los pobres montaron un drama y ya hasta llamaron a la policía antisecuestros. Ella...

a) Les confiesa que estás en el piso de tu nuevo novio, ¡no soportó ver a tu padre con lágrimas en los ojos!

b) Se queda callada, pone cara de inocente y les dice: "¿Su hija?, ¿qué hija?".

4 Los planes de tu amiga siempre incluyen...

a) Ligues, fiestas en patines, helados y mucha pizza.

b) Fiesta, competiciones para ver quién besa a más chicos y mucho alcohol.

5 Cuando te juntas con otras chicas...

a) Se pone celosa y te deja de hablar durante un tiempo.

b) Te amenaza con hacerles algo a ti o a ellas.

6 ¿Alguna vez ha contado cosas tuyas a los demás?

a) Sí, pero nada grave, solo una anécdota graciosa.
b) Sí, pero te jura que jamás volverá a suceder..., aunque lo hace de nuevo.

7 Cuando tus padres te regalan algo genial, ella dice cosas como...

a) "¡Qué bien!, tus padres te quieren mucho, te lo mereces".
b) "Seguro que se van a divorciar y no quieren que sufras. Además, es un anillo bastante feo y cutre."

RESULTADOS

MAYORÍA DE A

Aunque en apariencia todo indica que te está traicionando, la realidad es que se preocupa por ti y por tu familia, pues es capaz de confesar si percibe que estás en peligro o tardas mucho en volver con tu chico. Hará todo por protegerte si teme por tu seguridad... ¡Hasta es capaz de darles la dirección de tu nidito de amor a tus padres! Es probable que estéis muy unidas y ella sea para ti una especie de guía o luz en la oscuridad, ¡no la pierdas!

MAYORÍA DE B

Que revele tus secretos, haga comentarios crueles y te deje sola con tus broncas son cosas que una verdadera amiga no haría jamás. No te aferres a tenerla cerca, por más que lo jure, no te quiere ni busca tu bienestar; por el contrario, te hace sentir incómoda y daña tu autoestima con sus comentarios. Nunca te alienta y constantemente te juzga. ¿Para qué la quieres contigo? ¿No crees que puedes hacer nuevas amigas? ¿Te da pena dejarla sola? Responde qué sientes por ella y qué esperas de la relación. Si no te respalda no estás segura ni feliz a su lado... ¡huye!

UNA BRUJA DISFRAZADA

Hay chicas que se las dan de madre Teresa y acaban siendo peor que una amigdalitis aguda. Aquí algunas "amigas" de las que vale la pena alejarse:

LA INTERESADA

¿Solo te habla para copiarte en el examen o cuando vas a hacer una fiesta en tu casa? ¡No la invites!

LA MUSTIA

Se hace la víctima, la que no tiene amigos y necesita... dinero, que le prestes tu ropa favorita, que la acompañes a discutir con su chico, etcétera. ¿Y cuando la necesitas? ¡Desaparece! ¡Bórrala de tus contactos!

LA INDISCRETA

No importa lo que le digas, esta chica tiene incontinencia verbal, y ¡contará tus secretos a veinte kilómetros a la redonda! Tápale la boca y no vuelvas a contarle nada.

LA ROBANOVIOS

Casualmente siempre le gustan los mismos chicos que a ti, ¿¡qué le pasa!? Y obviamente no se corta en conquistarlos... ¡en tus narices! ¡Despídete de ella!

LA CRITICONA

Nada de lo tuyo le parece bien: ni tu ropa, ni tu novio, ni tus logros académicos; a tus amigos los define como "poca cosa". ¿De verdad quieres ser amiga de alguien tan superficial?

LA PERFECTA

Te dice que jamás serás tan espectacular como ella, que no podrás llegarle a la suela de los zapatos y que tienes suerte de que sea tu amiga. ¿Está bien de la cabeza?

LA MANIPULADORA

Quiere que decidas lo mismo que ella, hagas lo que ella hace y vayas adonde va ella. Todo lo demás está pasado de moda, es una tontería o no vale la pena. No tienes voz ni voto en la relación. ¿Quién se cree que es?, ¿tu dueña?, ¿la abeja reina?

¿POR QUÉ CAMBIÓ?

Ya sé, ya sé, me vas a decir que en la guardería erais inseparables, que os comunicábais telepáticamente en el colegio y que ahora en el instituto no sabes ni quién es. Déjame decirte que el cambio es natural, y es que en la adolescencia buscamos empatía, ayuda y solidaridad de alguien de nuestra misma edad y del mismo sexo que esté pasando por las mismas cosas, tenga preocupaciones similares y que hasta llore por los mismos problemas. Pero ¿qué pasa cuando de pronto parece que ella te arruina la vida? Antes era tu soporte, quien te apoyaba en las buenas y en las malas, y ahora se comporta como tu peor enemiga. Ponte a pensar: ¿acabas de decirle que sí al chico que te gusta?, ¿sacaste mejor notas que ella?, ¿te dicen que eres la más guapa? Tal vez todo esto la molestó y es probable que tu situación actual pueda mover algo en su interior que le haga replantearse sus propios objetivos o preguntarse por qué no los ha alcanzado. Lo anterior puede llevar al deterioro de la amistad... ¡o a reforzarla! Incluso en las relaciones más conflictivas hay esperanza. Comprueba si:

- **Ambas podéis tomaros como ejemplo para lograr vuestros objetivos.** Si ella pudo con entusiasmo y esfuerzo, ¿por qué tú no? Si tú lograste tu meta, contágiala de valor para lograr las suyas.
- **Hazla tu aliada e involúcrala en tus sueños.** Por ejemplo, podéis salir a correr, estudiar en tu casa para tener mejores notas o ir juntas a las fiestas, pues ella es la más sociable y megapopular.
- **Aprende de ella.** Quizás se enfrenta a los problemas con optimismo o jamás se deja vencer, ¿por qué no intentas imitarla en esto?
- **Competid sanamente.** Tal vez podáis ver, por ejemplo, quién se apunta a más actividades de voluntariado para ayudar a personas o animales.
- **No te sientas insegura.** Todas las chicas somos diferentes, brillamos de distintas maneras y en ámbitos que no tienen nada que ver. No tienes que ser buena en las mismas cosas que tu mejor amiga. Busca tu propia estrella.
- **Hablad claramente.** Si sois amigas y ella se está pasando de borde o presumida, ¡díselo con respeto y dulzura! Comentarle lo egocéntrica o altanera que está siendo la ayudará a poner los pies en la tierra.
- **Ninguna es más importante que la otra.** No tienes por qué volverte parte de su club de fans, simplemente reconoce lo que ha logrado, pues eres testigo de su esfuerzo y sabes mejor que nadie lo que le costó triunfar y lo mucho que se lo merece.
- **Deséale cosas buenas.** Amplía el círculo virtuoso de la amistad y no permitas que la envidia o el mal rollo se apoderen de ti.

A ella también

"Tuve una amiga que tenía actitudes superraras y molestas. Por ejemplo, decía: 'Tú tienes ese móvil, ¡pues yo lo quiero!', 'tú te vistes así, ¡yo también!', '¿te cortaste el pelo?, ¡me lo corto igual!'. Era horrible, la amistad se transformó en una competición, y ella, en una copia mía. Lo peor fue cuando vio a mi novio y se obsesionó con él: ¡también lo quería! Lo bueno fue que no me lo quitó, pero esa traición y su interés en ligárselo acabaron con la amistad. Creo que no vale la pena tener a ese tipo de personas en tu vida. Salí del colegio y ¡adiós!, ya no la volví a ver". Sofía, 14 años.

En voz del experto

Celia del Carmen Palomares García, docente y licenciada en Psicología, nos habla de la importancia de la amistad: "Al identificarse con alguien más y hacerse amigas, las chicas están construyendo su propia identidad. En esta etapa expresan mejor sus pensamientos y sentimientos y, al hablar con otra de lo que les pasa, se fortalece esta relación, que se basa en el apoyo emocional y en compartir experiencias, lo que también ayuda a disminuir la ansiedad en momentos difíciles. Por ello, cuando a una chica la traiciona alguien a quien consideraba su amiga, es normal que se sienta dolida, con baja autoestima y poco valorada por aquella persona a quien entregó su confianza. El temor de no encontrar en ella lo que creía tener la lleva a la no confrontación y prefiere dar por terminada la amistad".

Los consejos que la especialista nos da para superar una traición amistosa son estos: "Tener claro quién eres, así ninguna mala intención, rumor o comentario te hará sentir mal. Debes saber qué esperas de una amiga y qué estás dispuesta a dar a cambio. Es buena idea poner límites, pensar qué no le aguantarías a una amiga y qué podría llevarte a dejar de considerarla como tal. También puedes ponerte en su lugar y no hacer lo que no quieras que te haga".

A MÍ TAMBIÉN

Me atrapó internet

Tú qué sabes de tristeza si nunca te has quedado sin wifi".

Un nuevo día está a punto de empezar, no hay nada mejor que correr hasta la ventana, abrir la cortina y recibir un saludo caluroso del señor sol... ¡Esperad, eso solo pasa en las películas! En la vida real no hay nada mejor que estirar el brazo, acariciar las sábanas y encontrar el móvil al primer intento; cogerlo con ambas manos y abrir los ojos al mismo tiempo que inicias sesión en Facebook, deslizar rápidamente el muro, repartir unos cuantos likes por aquí y por allá y rematar con la publicación de una emotiva frase de buenos días.

Acto seguido, saltas de la cama, entras en Spotify y le das aleatorio a tu lista de reproducción favorita, te duchas con tu móvil dentro del baño, cantas una que otra canción, sales, contestas y envías algunos whatsapps, enciendes el portátil y antes de que tu madre te diga que el desayuno ya está listo, buscas tutoriales de belleza en YouTube y aplicas los consejos para peinarte y maquillarte. Por último, corres a tu armario y buscas un look inspirado en la foto que encontraste en Pinterest. ¡Estás guapa! Te sacas docenas de selfies, eliges una y la editas en PicsArt, la subes a Instagram sin un mensaje concreto pero sí muchos hashtags. Desayunas deprisa y revisas las noticias más relevantes publicadas en Twitter, formas parte de los *trending topics* y antes de salir de casa compruebas tu ruta en Waze o Google Maps.

Si algo guay se cruza por tu camino lo compartes en vivo por Snapchat. Si hablando con tus amigos o en clase se menciona algo que desconoces, enseguida lo buscas en Google y encuentras la respuesta en Wikipedia o algún otro portal. Vuelves a revisar Facebook, Twitter e Instagram y si no tienes nada que publicar, vuelves a repartir comentarios y likes por aquí y por allá. Si estás aburrida te entretienes viendo gente interesante en Vine, alguna peli o serie en Netflix o jugando al Candy Crush. Envías trabajos por e-mail, chateas con amigos que no conoces y si tu padre te presta su tarjeta bancaria, haces algunas compras por internet. Aunque pasas mucho tiempo con tu chico, casi no lo abrazas ni lo besas porque los dos tenéis la mirada y las manos ocupadas en la pantalla del celular. Llegas a casa y hablas, o mejor dicho, ignoras a tu madre, te encierras en tu habitación, enciendes tu portátil, pones a cargar la batería de tu smartphone y entre vídeos, tuits, chats, videollamadas, canciones, fotos, comentarios, mensajes privados, páginas web, juegos, grupos de WhatsApp, aplicaciones y un mensaje de buenas noches en Facebook acabas un día más atrapada en la red digital.

A ella también

Se llama Judith, tiene 17 años y curiosamente la conocimos y nos hizo la entrevista por mensajes directos de Twitter en un horario en que se suponía que estaba en el instituto; este es su testimonio: "Desde que me levanto hasta que me voy a dormir estoy conectada. Mi familia dice que estoy enferma porque no convivo mucho con gente por estar metida en internet, pero no me importa, ya que es mi otra mitad; gracias a él me conecto a lo que más me gusta, comparto lo que pienso y veo lo que hacen los demás. Imaginarme una vida sin internet es un poco difícil porque hoy en día todo está ahí, desde los amigos hasta algunos empleos. Creo que pasar un día desconectada no me vendría mal, así pondría más atención a lo que me rodea y haría alguna otra actividad, pues ya casi no convivo con mis amigas ni salgo a la calle".

CHISTE

—No cabe duda de que eres adicta a internet.

—¡Lo sé! Voy a buscar la cura en Google.

PONTE A PRUEBA
¿ESTÁS ENGANCHADA?

Si crees que exageramos, apaga tu móvil... ¡Espera! ¡No es cierto! Estábamos bromeando, ¡no te alteres! Mejor responde nuestro test y descubre si internet te tiene atrapada.

1 Cada vez que vas al gym o haces alguna actividad deportiva, tú...

a) Cumples con tu rigurosa rutina. ¡La belleza cuesta!
b) Compartes un selfie del antes y después en tus redes sociales.
c) Te motivas con algúna *playlist* deportiva de Spotify.

2 Aunque tengas muchas ganas de ir al baño, antes de sentarte en el váter lo primero que haces es...

a) Comprobar que haya papel higiénico.
b) Colocar tu móvil en un sitio seguro... ¡No se te vaya a caer!
c) Meter una mesita en la que puedas colocar tu portátil para seguir viendo algún vídeo en *streaming*.

3 Cada vez que sales de vacaciones, te aseguras de...

a) Hacer la maleta con solo lo esencial. ¡Ajá!
b) Contarlo en Facebook. "Estoy volando a..."
c) Llevar tu ordenador, móvil, tablet, cargadores, baterías externas, así como contratar un plan adicional de datos y asegurarte de que el hotel tenga wifi.

4 A la mayoría de tus amigos...

a) Los conocen tus padres.
b) Los mantienes cerca gracias a internet.
c) En realidad no son tus amigos, sino usuarios, seguidores o fans.

a) Lo compartes con tu familia, novio o amigas.
b) Lo divides entre tu vida real y la virtual.
c) Lo pasas haciendo vídeos para YouTube, actualizando tu estado en Facebook, compartiendo tus pensamientos en Twitter, subiendo selfies a Instagram, inspirándote en Pinterest, capturando instantes para Snapchat, riéndote en Vine, publicando anécdotas en Tumblr y buscando canciones en Shazam.

MAYORÍA DE A

¡Eres libre!

Ni la enorme cantidad de aplicaciones, redes sociales y plataformas que existen para conectarte a internet ha logrado atraparte, y hoy en día este poderoso invento sigue siendo una herramienta a la que te conectas y de la que te desconectas sin ninguna dificultad. Un día sin conexión para ti es como cualquier otro.

MAYORÍA DE B

Conexión en proceso

Aunque aún tienes el control sobre tu uso de internet, debes reconocer que cada día consumes más datos en tu servicio de celular, conoces todas las redes sociales y en varias eres una usuaria activa, ya tienes decenas de amigos con los que mantienes un vínculo únicamente digital. Y aunque no lo aceptes, te encanta recibir notificaciones y acumular likes.

MAYORÍA DE C

¡Estás conectada!

Más que una herramienta, ¡internet es tu vida! Necesitas estar conectada para no colapsar; quedarte sin datos o sin wifi es una de las peores tragedias posibles. Estar en línea es igual que respirar, y gracias a tu ordenador, tablet o móvil puedes socializar y conectarte con el mundo sin salir de casa. Eres una ciudadana universal que percibe la realidad a través de una pantalla, y eso tiene algunas implicaciones que más adelante vamos a detallar.

LA INTERNITIS

De acuerdo con la Organización Mundial de la Salud, el uso excesivo de internet es un trastorno de conducta vinculado con las nuevas tecnologías que afecta a una de cada cuatro personas. Se le considera una "adicción sin sustancia" que puede afectar tu vida de la siguiente manera:

- **Dependencia extrema a equipos** de comunicación móvil y conexiones a internet. "I love you, wifi."
- **Cambios bruscos de humor:** conectada = felicidad y tranquilidad; desconectada = depresión y ansiedad.
- **Problemas de personalidad** y vidas ficticias, eres una en la red y otra totalmente distinta fuera de ella.
- **Desapego al contacto físico** y las relaciones interpersonales, lo cual ocasiona aislamiento, abandono de la vida real y adicción a las redes sociales y relaciones en línea.
- **Pérdida total de la noción** del tiempo; puedes pasar más de ocho horas sin hacer otra cosa que estar frente a la pantalla del ordenador o el móvil.
- **Trastornos del sueño;** seguro que se te ha hecho de día chateando.
- **Entras en pánico,** te sientes exiliada y consideras una tragedia la falta de wifi.
- **Físicamente, puedes experimentar delgadez** por no tener tiempo para comer, o lo contrario: obesidad por la falta de actividad física, así como vista cansada, irritación de ojos, dolor de cabeza, cuello y espalda. ¡También nalgas dormidas!
- **Las alertas y notificaciones** de tu smartphone interrumpen y disminuyen tu productividad, concentración y eficiencia.
- **Vibraciones fantasma:** crees y sientes que tu móvil ha sonado o vibrado cuando en realidad no lo ha hecho, todo por la costumbre y obsesión de estar siempre conectada. ¡Qué mal!
- **Obsesión por los likes,** vives para gustarle a los demás.

En voz del experto

De acuerdo con Enrique Culebro Karam, experto en Publicidad y Marketing en Internet, pese a los problemas explicados anteriormente, "habrá que esperar todavía algunos años para conocer a fondo los problemas del abuso de internet, ya que hoy en día no hay estudios que sostengan que existe una patología relacionada con internet, ni en México ni en el mundo".

EPIC FAILS

Y aunque las consecuencias físicas, sociales y psicológicas de esta "adicción" son terribles, no hay nada más feo, desastroso y vergonzoso que los errores que cometemos por no desconectarnos de la red. Mira cuáles los más comunes y evítalos o te podrían etiquetar, hashtaguear y hasta viralizar como la usuaria más friki de internet:

- **Hacer y publicar selfies** en lugares y momentos inadecuados, como funerales, hospitales, accidentes o peleas, etc.
- **Utilizar alguna red social** o app de mensajería instantánea para comunicarte con alguien que está junto a ti.
- **Robar frases o pensamientos** de otros usuarios y publicarlos como propios.
- **Escribir con faltas de ortografía.**
- **Asumir que todo el mundo** está pendiente de ti y compartir todo lo que haces..., ¡todo!
- **Compartir selfies en poca ropa.**
- **Insultar, ofender y protagonizar** peleas textuales con usuarios que no conoces.
- **Sentirte con la obligación de juzgar** y criticar todo, aunque no tengas ni la más mínima idea de lo que estás hablando.
- **Compartir contraseñas** de redes sociales con tu novio o con alguien más.
- **Ver y tocar más a tu smartphone** que a tu chico.
- **Abusar de los hashtags.** #QuedasFatal #NoLoHagas
- **Enloquecer, enfurecer** y hasta llorar por la falta de internet.
- **Llevar tu smartphone a todos lados** y no despegarte de él ni un segundo.

EXILIADA DE LA REALIDAD

Hay un montón de cosas maravillosas que, sin darte cuenta, dejas de hacer mientras estás con la mirada clavada en la pantalla de tu smartphone o ordenador; por ejemplo:

Sentir. Un lindo y tierno emoji o una videollamada larga y cursi jamás podrán sustituir el sabor, olor, calor y las sensaciones que se producen al recibir un beso o abrazo. No negarás que siempre será mejor un magreo que una videollamada en HD.

En vivo. Asistir a un concierto, un zoológico, una playa o cualquier otro sitio que se te ocurra siempre será mejor que una foto, un vídeo o un *streaming*.

Saborear. Y no solo tus ricos alimentos (a los que haces fotos en lugar de probarlos), sino también el silencio, el ruido, la compañía de tus amigos, las reuniones familiares, el viento en tu cara, el calor del sol y lo refrescante de una ducha.

Soñar. Y cómo vas a hacerlo si te pasas noches sin dormir o si dedicas más tiempo a editar y agregar filtros a tus selfies que ilusionándote con tu futuro.

Escuchar. No oír, porque eso es muy fácil, sino cerrar los ojos y disfrutar una canción de principio a fin, las anécdotas de tus abuelos, los consejos de tu madre o la voz de tus amigas; quizás estés olvidando hacerlo.

Vivir. Tu existencia se limita a una realidad 2.0, pero fuera de las redes sociales tal vez seas la chica más antisocial del mundo.

LO GUAY DE QUE LA WEB TE ABSORBA

¡Relájate! No todo es malo del asombroso y absorbente mundo virtual. Ser una fanática de internet también tiene sus beneficios.

- **Te acerca a personas y lugares** que de lo contrario jamás podrías conocer.
- **Te ayuda a tener una perspectiva** más amplia y generalizada del mundo y la sociedad.
- **Si la utilizas bien, pues incrementar** tus conocimientos y cultura general.
- **Te convierte en una ciudadana** del mundo.
- **Tus gustos e intereses** se actualizan de manera oportuna.
- **Despierta tu curiosidad.**
- **Estudias, trabajas y disfrutas** un día de compras sin salir de casa.
- **Horas y horas de entretenimiento.**
- **Anonimato y la oportunidad** de exponer tu opinión sobre cualquier tema.

¿SABÍAS QUE...?

Uno de cada tres hogares tiene acceso a internet, lo que equivale a 10,8 millones de familias. El 80 % de las personas que se conectan diariamente son jóvenes entre 12-17 años. El 42 % de los niños de entre seis y once años ya son usuarios constantes de internet.

Fuente: **INEGI**, 2015.

A MÍ TAMBIÉN

Me encantaría ser popular

Montse es la chica con más fama en el instituto y solo las chicas como ella, que son lindas, ya se maquillan y tienen buen cuerpo, pueden ser sus amigas. Ella siempre va por los pasillos. Como si supiera que la mitad del instituto se derrite por sus huesos. Ha salido con chicos igual de populares, pero se rumorea que su último novio se lo quitó a una de sus mejores amigas. Tiene muchos seguidores en Instagram, en sus fotos siempre sale con las poses más sexys, lanzando besos, enseñando lo bien que le quedan los leggings y también el escote. ¡Quién pudiera ser como ella! ¿Algún día podrías ser así de popular? Dicen que para entrar en su grupito tienes que dejar de hablar a tus amigas y juntarte solo con ella y sus seguidoras... Mmm, si tu mente ya ha volado y estás pensando seriamente en abandonar a tus amigas para unirte a las populares, te diremos que tienes todo el perfil para destacar, pero por traicionera y superficial. Mejor sigue leyendo y averigua cómo puedes sobresalir siendo tú misma.

A ella también

"Fui víctima de una chica popular a la que ahora detesto. Fingió todo el tiempo ser mi mejor amiga porque quería aprovecharse de mí. Suspendió matemáticas, y como la profesora es mi tía y vive con nosotros, me pidió que le consiguiera el examen. Pensé que era sincera y no me dio miedo hacerle el favor, pero la traidora le pidió a otro compañero que le resolviera el examen y él tuvo errores, y sus amigas, con quienes compartió el examen, los repitieron. La muy %##@¢¬∞÷ dijo que yo estaba vendiendo el examen y que, como no quería suspender, tuvo que comprarlo. Mi tía casi me mata". Teresa F., 15 años.

PONTE A PRUEBA

¿APAGADA O ENCENDIDA?

Ser popular significa brillar con luz propia.
Veamos con qué intensidad ilumina tu foco interior.

1 Tienes que hacer un trabajo en equipo, el mejor proyecto ganará un premio. ¿Cómo te gustaría participar?

a) ¡Qué pereza! Mejor que la jefa de grupo me diga qué hacer.
b) Si puedo evitar la vergüenza de exponer el tema en clase, mucho mejor. ¿Qué tal si "la lío" y no ganamos?
c) ¡En todo! Quiero dejar a los demás con la boca abierta y demostrar quién manda en el insti.

2 OMG! Te enteras de que un chico quiere conocerte. ¿Qué opinas?

a) No lo creo, nadie se fija en mí (¡snif!). Seguro que es una broma de mis amigas.
b) Antes de emocionarme, pregunto más del chico en cuestión.
c) ¡Ya lo sabía, soy irresistible!

3 Te invitan a una fiesta de disfraces y eres de las pocas que lleva un traje ridículo. ¿Qué haces?

a) Me voy del lugar a la velocidad del rayo. Sabía que no debía ponerme ese disfraz.
b) Si me doy cuenta de que la gente me mira raro, me voy.
c) ¡Bailar y divertirme con mi superdisfraz!

4 Se abre una convocatoria para ser parte de una obra musical en tu instituto, ¿te apuntarías?

a) Ni de broma, qué ridículo eso de andar bailando y cantando.
b) A lo mejor, pero en un papel pequeño o en la tramoya, subiendo y bajando el telón.
c) ¿Por qué no? A lo mejor tengo madera de actriz de Broadway y no lo he descubierto.

5 Ves en las noticias que una chica más o menos de tu edad ganó el certamen nacional de ping-pong, ¿qué te enseña eso?

a) Nunca seré tan popular.
b) Con suerte y disciplina todo se consigue.
c) Quiero ser como ella.

MAYORÍA DE A

9 vatios

Necesitas ser menos insegura y confiar más en tus capacidades. Como si fueras un mosquito en medio de la noche, ¡sigue la luz! Arriésgate a tomar la iniciativa y a emprender nuevos retos, ese es el primer paso para dejar de vivir en la penumbra.

MAYORÍA DE B

24 vatios

Aunque sabes cuál es el camino para destacar, te esfuerzas a medias por miedo a que se fijen en ti. Deja a un lado el "qué dirán" y hazles caso a tu corazón y mente, e intenta agradarte a ti misma. Comprueba lo que eres capaz de hacer y te asombrarás. No hay nada malo en que se giren para mirarte de vez en cuando.

MAYORÍA DE C

65 vatios

Te encanta brillar y esa es la actitud que te llevará a cumplir tus sueños, esfuérzate por destacar como hasta ahora. En el camino, no vayas apagando luces de otras personas con el afán de que la gente se fije únicamente en ti. No dejes que tu propia luz te deslumbre.

8 reglas básicas para ser popular

1. CAMBIA EL CHIP

Piensa en las chicas más famosas que conozcas y califícalas en todos los sentidos. ¿De verdad vale la pena admirarlas? Te sorprenderá darte cuenta de que algunas no merecen ser el centro de atención, pues unas son arrogantes (como si nadie las mereciera) o manipuladoras (adoran meter cizaña para salirse con la suya). Entonces ¿por qué admirar a alguien que ni siquiera tiene una letra bonita? Baja de su nube a todas las personas populares que no sirven más que para dar mal ejemplo. Mejor...

2. BUSCA LA CALIDAD

Aunque no sean las más famosas del planeta, inspírate en personas que sobresalgan por motivos valiosos. Por ejemplo, la chica que se atrevió a retar a su acosador, o la que salió adelante a pesar de una enfermedad, o aquella que aceptó que tenía un problema con su forma de comer y pidió ayuda. Si una persona te enseña algo, entonces merece la pena inspirarte en ella para ser popular.

3. SÉ TÚ MISMA

Quizás este sea el punto más importante, pues no hay otra forma de llamar la atención que mostrarte al mundo tal cual eres. No importa que seas introvertida, la más estudiosa de la clase o que escuches música antigua como los Beatles. Debes defender tu personalidad y destacar por eso, sentirte orgullosa por ser diferente, romper reglas y no parecerte a nadie más. Vamos a ver si lo has pillado. Completa este cuadro, del lado izquierdo escribe tus cualidades y en el derecho cómo puedes brillar por ellas.

SOY CASI UNA EMINENCIA...	PUEDO DESTACAR MÁS...
Cantando en la ducha	Abriendo un canal de YouTube en el que interprete mis canciones preferidas de Ariana Grande, Coldplay... Pero grabaría fuera de la ducha, claro.

SOY CASI UNA EMINENCIA...	PUEDO DESTACAR MÁS...

4. CREE EN TI

No tengas una actitud derrotista antes de intentar algo que te pueda ayudar a sobresalir. Esas personas que ahora son superpopulares tuvieron que arriesgarse para conseguir algo. Antes de decir "no puedo", arriésgate y sorpréndete con lo que puedes lograr.

5. AGUANTA LA PRESIÓN

Ser diferente y destacar por ello molesta a mucha gente envidiosa. ¿Qué debes hacer? Ignorarlos por completo, jamás darles la razón ni cambiar tus deseos por miedo a que te critiquen. Esa gente a la que le encanta meter las narices (y el resto del cuerpo) donde no la llaman siempre encontrará algo negativo que decir, ya seas profesora en Ciencias de Ingeniería Electrónica por Harvard con mención honorífica (a los 16 años). Los envidiosos siempre buscarán cómo molestar. Si quieres hacer malabares encima de una bicicleta, ¡hazlos! De todos modos hablarán de ti.

6. NO TE OBSESIONES

"Oh, sí, quiero ser famosa para ganar mucho dinero, para que me pidan consejos y pueda vengarme por fin de esa maldita que me hizo la vida imposible en el instituto". Antes de que sigas agregando motivos para ser popular, te daremos un consejo vital: no esperes nada a cambio mas que ser feliz siendo auténtica. Si en el camino por lograr lo que deseas te encuentras con un poco de fama y fortuna, pues ¡genial! Procura que tu objetivo final no sea ser popular solo porque sí.

7. NO OBEDEZCAS ÓRDENES, DECIDE POR TI

Todas conocemos ese cuento en el que una madrastra necesitaba que su fiel espejito le dijera una y otra vez que era guapísima..., ¡la mejor de todo el reino! No sigas su ejemplo, no hace falta que nadie te diga que eres guapa o inteligente, eso debes creerlo tú. Si dudas de ti y de tus valores, preferirás que alguien más te diga qué hacer y cómo destacar, aunque no sea de la mejor manera, como cuando una supuesta amiga te dice que serías una perdedora si no te peleas con alguien que te ha insultado. ¿Vas a permitir que alguien decida si eres una perdedora o una valiente? No, porfis.

8. SÉ CONSCIENTE

Ya lo dijo sabiamente el tío Ben a Peter Parker (Spiderman, claro): "Un gran poder conlleva una gran responsabilidad", y ser popular lo es. No importa que seas pequeña, a tu edad puedes ser una líder en el ambiente en el que te desenvuelves. Así que no la líes, pues habrá chicas a quienes les importe tu opinión y hasta te consideren una inspiración.

NO SEAS POPULAR SOLO POR ESTAS RAZONES:

- **Por sumar novios sin parar.** Todos odiaremos las matemáticas, pero hasta el más negado en la materia resuelve este problema cuando quiere ver de qué va alguien: Claudia tiene 15 años y desde los 13 ha tenido pareja. Ha estado con 12 en ese tiempo, uno tras otro. ¿Cuántos meses le ha durado cada relación? Resultado: 2 meses... y una mala reputación por tener parejas en serie. ¡Y lo mismo para ellos, esto no es solo cosa de chicas! Despeja la incógnita antes y, si no estás segura de que te guste de verdad una persona, pues mejor no salgas con él.

- **Por tener vicios y exhibirlos.** Pretender que ya eres toda una mujer porque puedes hacer anillos con el humo de un cigarro y porque tomas tres cervezas sin terminar vomitando no puede darte renombre positivo. Serás alguien que se intoxica, nada más.
- **Por quitarte la ropa.** ¿Qué pasa cuando ciertas famosas quieren popularidad exprés? Comparten en sus redes fotos como llegaron al mundo o algún primer plano de sus enormes implantes de pecho. Y no es que un cuerpo desnudo sea ofensivo o que la gente deba avergonzarse de él, pero es obvio que ciertos temas tabúes como la desnudez y la sexualidad causan morbo y dan de qué hablar. Además, ese método ya está muy visto. Evita que tu muro en Facebook sea una galería de tus tetas en todos sus ángulos; eres mucho más que eso.
- **Por hacerte la víctima.** Cual guionista de telenovelas, hay quienes se inventan historias trágicas para llamar la atención de personas que todavía tienen buen corazón y piensan: "Ay, pobrecita, qué pena que le hagan tanto *bullying*", o "Qué triste que esté tan enferma". Lo cierto es que hay gente así, como la bloguera australiana Belle Gibson, quien fingió estar enferma de cáncer para hacerse famosa. ¡Pésimo!

En voz del experto

La coach de vida Patricia Munive nos da un consejo para las chicas que buscan popularidad: "Todas las personas queremos sentirnos importantes en algún momento y eso no está mal. En el coaching, a esa necesidad de que alguien valide lo que somos o lo que hacemos le llamamos 'significado', como cuando la chica más aplicada de la clase aparece en el cuadro de honor. Sin embargo, el deseo de reconocimiento no debe convertirse en actuar como los otros quieren. Si tu enfoque está 'fuera', todo lo que digan de ti te afectará, pero si tu enfoque está en tu interior, en lo que eres y en tus talentos, no perderás la brújula de vida".

ES CULPA DE
CUPIDO

– CAPÍTULO 5 –

AMOR

A MÍ TAMBIÉN

A MÍ TAMBIÉN

Me gustaría saber si le gusto

Qué importa si el universo está al revés, si mañana tienes examen de matemáticas y no has estudiado o si tus padres están enfadados contigo y no te quieren hablar, ¿qué más da? Todo se vuelve irrelevante cuando Cupido te hace *bullying* y te mantiene con una duda insoportable: ¿le gustas a ese chico? Cómo saberlo si a veces se pasa el día abrazándote y otras ni "hola" te dice; si un día cotillea tu Face y le da likes a todos tus selfies y al siguiente te deja en visto; si tu horóscopo dice que el amor está llamando a tu puerta, pero su actitud te congela en la friendzone. ¡Es horrible! No hay nada más agotador y doloroso que la incertidumbre, ¡malditos chicos! Son unos inútiles demostrando sus sentimientos, si fueran un poco más hábiles a la hora de comunicarse, nos evitarían muchos días de sufrimiento, alucinaciones, conjeturas y fantasías, ¡pero no! Así son ellos, y después de miles de años de evolución, parece que nunca cambiarán. Sin embargo, y para que te deje de torturar la duda, compartimos contigo algunos secretos que te ayudarán a descubrir si le gustas o no.

En voz del experto

Aunque hay señales que pueden resultar bastante obvias, de acuerdo con Silvia Olmedo, psicóloga especialista en temas de amor, no siempre es tan fácil saber si le gustamos a alguien o no. "Es muy subjetivo, depende mucho del historial de cada persona y de lo que consideran un buen partido. Cuando nos gusta alguien, todo es imaginario y tendemos a magnificar las señales positivas y a minimizar las negativas por miedo al rechazo, por eso es mejor conocer muy bien a la persona antes de querer interpretar sus intenciones".

¿QUÉ DICE SU CUERPO?

En el arte del coqueteo, el ligue y la seducción, el lenguaje corporal es muy importante, y lo creas o no, incluso un movimiento o un gesto pueden decir más que mil palabras. La clave está en poner atención, captar las señales que lanza inconscientemente e interpretarlas de manera correcta. Según los expertos, estas son las principales señales que delatan a un chico interesado:

EL ESPEJO

Si le gustas a un chico, reflejará la mayoría de tus movimientos y acciones, desde la manera de sentarte, hasta la sonrisa, así como el tono y ritmo de tu voz. Está buscando empatía y con estos movimientos logra sentirse más afín a ti.

MIRADA QUE MATA

Si cuando están hablando (no importa si es algo superimportante o sobre el tema más aburrido de la clase de Historia) te mira fijamente a los ojos y de vez en cuando a los labios, ¡le gustas! De igual manera, está colado por ti si en la distancia sientes su mirada y la sostiene cuando lo sorprendes. Por supuesto, si es tímido desviará la vista cuando lo sorprendas, pero no dejará de admirarte. Por cierto, si al verte suele levantar las cejas, está babeando por ti. ¡Tu sola presencia le alegra el día!

TE SONRÍE

Si cada vez que está contigo, cuando coincidís o te mira, se le dibuja una sonrisa grande, natural y sincera en su rostro, es una muestra innegable de que se siente atraído por ti y quiere que lo sepas. La sonrisa es una manifestación de bienestar, alegría y cordialidad; además, es una manera muy casual y efectiva de inspirar confianza.

TODO APUNTA A TI

Si el chico que te gusta está interesado, es común que sus rodillas, pies y manos apunten hacia ti. De acuerdo con los expertos en lenguaje corporal, solemos apuntar de forma inconsciente a lo que nos interesa o hacia donde nos queremos dirigir.

LAS CARICIAS

Voluntariamente o no, un chico atraído por tus encantos suele tener mayor contacto físico contigo que con el resto de los humanos. Por ejemplo, si su toqueteo es voluntario, lo notarás a la hora de saludarte, pues además de un beso procurará abrazarte. Si sus caricias son involuntarias, puede ser que tú lo notes pero él no; al hacerlo intenta tener una conexión contigo.

ACORTANDO LA DISTANCIA

Si el chico está pillado por ti, ¡prepárate!, hará lo que sea para estar pegadito a ti. A la hora de hablar es común que su columna se incline hacia ti, de tal manera que podrás percibir la suavidad de su piel y hasta su aroma.

POSICIÓN ALFA

Así como los machos en el reino animal se exhiben e intentan demostrar su supremacía ante la hembra que les atrae, si un chico quiere algo contigo tratará de estar guapo. Sin importar lo delgado o bajito que sea, se mostrará más erguido que de costumbre, con la única intención de impresionarte y hacerte saber que estás segura con él.

LO PONES NERVIOSO

No hay nada más guay que tener el poder de hacer sudar, temblar, tartamudear y ponerse rojo al chico que te gusta. Si él se pone nervioso con un simple "hola", vas por buen camino.

LA ACTITUD TAMBIÉN HABLA

Si después de analizar su lenguaje corporal crees que necesitas más señales, presta atención a su actitud, pues puede estar demostrando su atracción a gritos y quizás ni te has dado cuenta.

- **Se muere de risa.** Y no de ti, sino contigo. No importa que tengas la gracia de un aguacate o que tus chistes sean malísimos, él siempre fingirá que los entiende y se reirá escandalosamente.
- **Tunea su imagen.** Cambia de look (puede imitar a tus artistas favoritos), huele bien y evita ir mal vestido delante de ti.
- **Se aprende tu biografía.** Le saca jugo a cada charla que tiene contigo, pone atención hasta en el más mínimo detalle de tu historia, tus gustos y deseos. Si le hicieras un examen sobre ti, sacaría un 10.
- **Cotillea en tus redes sociales.** Te sigue en todas tus redes sociales y siempre es de los primeros en darle like, compartir o retuitear cualquiera de tus publicaciones. En tus notificaciones siempre está él.
- **Es único.** Se esfuerza por sobresalir del resto de los chicos que te rodean, ya sea hablando más alto, llevando la contraria, queriendo imponer una moda o ser el líder.

> ES ÚNICO. SE ESFUERZA POR SOBRESALIR DEL RESTO DE LOS CHICOS QUE TE RODEAN, YA SEA HABLANDO MÁS ALTO, LLEVANDO LA CONTRARIA, QUERIENDO IMPONER UNA MODA O SIENDO EL LÍDER.

- **Se adentra en tu mundo.** Se ganará la confianza de tus amigos para formar parte de ellos y así tener más tiempo y cosas que compartir contigo.
- **Adopta tus hobbies.** Aunque sea el chico más rockero del mundo, si a ti te gusta el pop, se hará fan de tu grupo favorito, leerá la misma novela que tú y hasta aceptará ver una peli romántica si se lo pides.
- **Te bombardea con piropos.** Le pareces perfecta, así que aprovechará cualquier oportunidad para lanzarte un cumplido tanto de tu físico como de tu forma de ser.
- **Abre su corazón.** Te adoptará como su confidente número uno y hasta te revelará secretos que no le ha contado a nadie.
- **Es tu héroe.** Se preocupará tanto por ti que sin que se lo pidas te ofrecerá ayuda para salir de cualquier apuro. Si es el listo de la clase, aprovechará su inteligencia para ayudarte con los exámenes y, si está cuadrado, podrá echarte una mano también en la clase de Educación Física.
- **Está ahí.** "Casualmente" siempre te lo "encuentras" en los lugares que frecuentas; si no va a tu clase, verás que después de cada clase, y sin motivo aparente, estará junto a la puerta.

- **Vive pendiente de ti.** No importa si son las dos de la mañana de un lunes, si le mandas un whatsapp, ¡jamás te dejará en visto! Te responderá de inmediato y se pasará el día revisando su móvil por ti.
- **Tu fan número 1.** Asistirá (aunque no lo invites) a todos los eventos o competiciones en los que participes, se quedará afónico por animarte y puede que hasta presuma de que eres su chica.
- **Será atrevido.** Intentará robarte un beso, o por lo menos prolongará varios segundos cada abrazo que te dé.
- **Su primera elección.** Si tenéis que hacer un trabajo en equipo, querrá hacerlo contigo y en las fiestas siempre te buscará para que bailes con él.
- **Sacará su lado cursi.** Te dedicará canciones, poemas, pensamientos y hasta tendrá detalles románticos, como regalarte un helado.
- **Serás su princesa.** No hará falta que le des un beso para que se convierta en un príncipe y te trate como todo un caballero.
- ***Selfitis.*** Aprovechará cualquier oportunidad para sacarse fotos contigo, las compartirá en sus redes sociales con un mensaje tierno y, por supuesto, te etiquetará.

SORRY! NO LE GUSTAS...

Y estas son algunas de las actitudes desagradables que un chico tiene cuando simplemente no le gustas.

- **Te pone apodos,** te hace *bullying* y se burla de tus defectos.
- **Critica tu forma de ser,** de vestir y hasta de sonreír.
- **Eructa, se saca los mocos** y hasta se tira pedos apestosos cuando estás con él.
- **Si lo invitas a salir no acepta,** y si lo hace, llega tarde y más sucio que un perro callejero.
- **No se sabe tus apellidos** y mucho menos se interesa por tus gustos.
- **Te pide fotos picantes.**
- **Te bloquea en todas sus redes sociales** y hasta te denuncia en Facebook.
- **Si te giras a mirarlo,** te saca la lengua y hasta te hace un corte de mangas.
- **Jamás te saca a bailar** en las fiestas; es más, ni siquiera nota tu presencia.
- **Si te tropezaras** se burlaría en lugar de ayudarte.
- **Se besa con otras delante de ti.**
- **Pueden pasar días sin que lo veas** y no te busca ni por WhatsApp (donde, por cierto, siempre te deja en visto).
- **Si le prestas dinero,** nunca te lo devuelve.
- **Te pide que dejes de hablar** con tu ex y con otros chicos.
- **Se limpia** tus besos.

PONTE A PRUEBA
¿ESPANTAS A CUPIDO?

Ahora que ya tienes varios consejos para descifrar si le gustas a ese chico, vale la pena examinar si estás recibiendo sus señales o le estás espantando. Responde el siguiente test y descúbrelo.

1 Si lo sorprendes mirándote, tú...

a) Le respondes con una linda sonrisa.
b) Le sacas la lengua.

2 Después de cambiar radicalmente su imagen, él te pregunta qué tal está. Tú...

a) Le dices algo que le hace sonreír.
b) Te comes tus halagos y con indiferencia respondes: "Bien".

3 Al darte cuenta de que te está cotilleando en las redes sociales, tú...

a) Haces lo mismo, su smartphone no para de vibrar por todas las notificaciones que recibe de tu parte.
b) Dejas que lo siga haciendo, sin decir ni hacer nada, a ver si se cansa.

4 Coincidís en una fiesta, el DJ pone tu canción favorita (él sabe que te encanta), entonces te invita a bailar. Tú...

a) Muy entusiasmada aceptas, bailas y cantas a su lado lo que dure la fiesta, o sea, ya no lo sueltas ni de coña.
b) Le dices que sí, pero en ningún momento interactúas con él, ni siquiera te giras para mirarlo y al acabar la canción vuelves con tus amigas.

5 La vez que intentó robarte un beso, o creíste que lo haría, tú...

a) Cerraste los ojos y disfrutaste el momento.
b) Te dio un ataque de risa que lo alejó.

6 El día que faltaste al instituto porque se te pegaron las sábanas y él te whatsapeó para saber cómo estabas. Tú...

a) Fingiste una gripe para que se preocupara y fuera a verte a la salida.
b) Respondiste: "Todo bien. Hasta mañana".

RESPUESTAS

MAYORÍA DE A

Es obvio que los dos os gustáis y el inconsciente os ha delatado. Has recibido y le has enviado las señales correctas para que sepa que también estás loca por él, y ahora solo necesitas tener paciencia y esperar a que se atreva a pedirte que seas su novia. O también puedes ser valiente, tomar la iniciativa y sugerirle que deje de hacerse el tonto y confiese que lo tienes loco.

MAYORÍA DE B

Te gusta y le gustas, de eso no hay duda, sin embargo, ¡lo estás volviendo loco! Tus señales son tan confusas que no sabe qué pensar. Sospecha que te gusta, pero no está seguro y eso lo asusta, así que si sigues ocultando lo que sientes, jamás se atreverá a dar el siguiente paso. Aunque no lo creas, a los chicos les aterra el rechazo.

A ella también

"Llevo seis meses con mi novio, pero antes de serlo éramos muy amigos hasta que un día nos atrevimos a confesar lo que sentíamos. Nos enviábamos algunas señales, pero ni él ni yo las entendíamos; el miedo al rechazo nos hacía tratarnos con indiferencia y a veces hasta de manera borde. Un día, en una fiesta, una amiga mutua se acercó mientras hablábamos, nos cogió de las manos y nos dijo: 'No sé por qué os seguís tratando como amigos, si es OBVIO que os estáis muriendo el uno por el otro', nos soltó y empezó a gritar: '¡Beso!, ¡beso!, ¡beso!'. Toda la fiesta hizo lo mismo y nosotros, supernerviosos y emocionados... ¡nos besamos! Fue muy bonito. Después hablamos y descubrimos que nos habíamos lanzado señales superclaras y no las habíamos visto. Supongo que el miedo nos cegó". Ingrid, 15 años.

¡NO LO ESTROPEES!

Aunque no lo creas, existen comportamientos y actitudes capaces de destruir toda química entre el chico que te gusta y tú. Conócelos y evítalos o acabarás ahuyentándolo.

- **Acoso infernal.** Está guay y es normal que de vez en cuando (ok, todos los días) te des un paseo por sus redes sociales, pero aparecer en su casa o llamarle cada cinco minutos para saber cómo está... Eso sí asusta.
- **La desesperación...** hace que te guste todo, ¡de todos los chicos! No tienes exigencias y podrías decirle que sí al primero que pase. Más que amor, buscas compañía.
- **Ser muy fácil es un arma de doble filo.** ¿Se fijará en ti? Puede ser. La duda es: ¿durante cuánto tiempo y para qué? ¿Para un rollo? ¡Piénsalo! Y por supuesto, aunque te mueras por él, no le envíes fotos con poca ropa o desnuda. Revisa el capítulo "Me enciende el sexting".
- **Jugar a la chica imposible.** Resulta interesante al principio, pero si a pesar de sus esfuerzos te sigues comportando así, tu ligue podría desistir y decirte adiós.
- **Ser ultratransparente.** Está genial que seas honesta, eso no tiene nada de malo, lo raro es que te abras a la primera y reveles todos tus secretos. Entrégate poco a poco y déjalo con ganas de ti.
- **Celosa compulsiva.** Además de hacerte parecer megainsegura, te verá como una cárcel a la que nunca querrá entrar.
- **Ir a 1000 por hora.** Pisar el acelerador es peligroso. Baja la velocidad y jamás digas "te quiero" en la primera cita, ni se lo quieras presentar a tus padres ese mismo día...
- **Besos, magreos y sexo.** Lleva el asunto con calma, primero asegúrate de conocer bien al chico con el que estás, y no cedas a ningún tipo de presión.

A MÍ TAMBIÉN

Me han roto el corazón

¡Lo sentimos mucho! Seguro que estás inconsolable, sin hambre y te invaden recuerdos que te hacen llorar. Él se fue y no sabes qué hacer, tu mejor amiga se ha convertido en tu psicóloga particular y la soledad es tu mejor compañía; en Spotify sigues las *playlists* con las baladas más tristes y hasta te has hecho fan de algunas canciones desgarradoras interpretadas por artistas que solo conoce tu madre. Vives revisando tus redes sociales y la pantalla de tu móvil, a la espera de un mensaje que quizás nunca llegará. Sales a caminar y encuentras su fantasma en todas partes, lo quieres y lo odias, quieres volver y al mismo tiempo olvidarte de quién es, te encantaría encontrar un sustituto, pero para ti nadie es ni será como él. Salir de fiesta y verte guapísima te ha dejado de importar, su amor se llevó tus ilusiones más románticas y el sueño es algo que en el día te persigue y por la noche no logras encontrar. Alucinas con la incomprensión de tus padres: tu madre te abraza y te dice que todo irá bien, y aunque sonríes, es obvio que no le crees. Te sientes triste y nada ni nadie lo puede evitar, lo entendemos perfectamente porque, como a ti, a nosotras también nos arrancaron, aplastaron y, sin esperarlo, nos trituraron el corazón en mil pedazos.

En voz del experto

De acuerdo con Yazmín Jalil, autora de *Como anillo al dedo* y conferenciante de temas relacionados con las parejas y el amor, decir que se nos rompió el corazón es mucho más que una metáfora: "No es un asunto poético. El corazón verdaderamente duele. Un corazón roto es como una muerte, hay que asumirlo, llorarlo, sufrirlo y continuar nuestra vida con los retos y las sorpresas que hay por delante".

RADIOGRAFÍA AMOROSA

¡Sé fuerte! Respira hondo y mira lo que pasa por tu vida cuando se te quiebra el corazón.

Las sensaciones físicas pueden incluir desde un vacío en el estómago, presión en el pecho, un nudo en la garganta, intolerancia al ruido, mucho cansancio, falta de aire, hasta sequedad en los labios y la boca. Respecto a tu conducta, podrías experimentar desde trastornos alimenticios, disminución o aumento del sueño, aislamiento, crisis de llanto, hiperactividad, falta de atención, hasta intolerancia a su nombre y a los enamorados.

Tal como dijo nuestra especialista, al separarte de tu novio tu corazón atraviesa una serie de etapas similares a las que experimentamos cuando muere alguien muy cercano. ¿Cuáles son? ¡Conócelas!

1. **NO TE LO CREES.** En esta etapa la confusión se apodera de ti, no eres 100 % consciente de lo que dices ni de lo que sientes, y lo más probable es que huyas del dolor y te niegues a aceptar la realidad. Aún vive en ti la esperanza de que nada se ha roto.
2. **PASA LA ANESTESIA.** Después del impacto recuperas la conciencia, sales del shock y te das cuenta de que no estabas soñando, sientes que en verdad te han roto el corazón y vives todo el dolor que su adiós te dejó. ¡Auch!
3. **LA FURIA COGE LAS RIENDAS.** La ira se apodera de ti, te transformas en Hulk, te sacudes el dolor y te secas las lágrimas maldiciendo, culpando, odiando y hasta insultando al chico que te destrozó. Aparecen sentimientos de venganza. ¡Tranquila, ignóralos!
4. **TE CULPAS.** Después de que la furia cese, se apoderarán de ti los anhelos rotos y un sentimiento de culpa; te recriminas muchas cosas y empiezas a vagar en el cruel y falso mundo de los "hubiera".
5. **¡AY, CÓMO ME DUELE!** Bienvenida a la desolación, la etapa más depresiva, dolorosa, triste y reflexiva de un corazón roto. Aquí has sacado todo lo que tenías dentro y empiezas a convivir y a escuchar el dolor de cada una de tus heridas; aprendes una y mil lecciones: pasas del "¿por qué a mí?" al "¿para qué a mí?". ¡Bien!
6. **DE PIE.** Por fin te levantas del charco ensangrentado en el que habías estado, recoges los pedacitos de tu corazón y tienes la energía, la fe y actitud adecuadas para volver a sonreír. Haces muchos planes y actividades que te ayudan a distraerte y revalorarte.
7. **RECUPERACIÓN.** Aceptas tu realidad libre de dolores, culpas y rencores, comprendes que para crecer a veces es necesario caer, así que aprendes de tus errores y, con un corazón más maduro y totalmente curado, ¡recorres un nuevo camino!

A ella también

"Estaba con un chico bastante celoso, tenía mi contraseña de Face y me alejó de todos mis amigos. Conforme pasó el tiempo me di cuenta de que no era feliz, se lo expresé muchas veces, pero él jamás cambió, así que cortamos, aunque como lo quería mucho volvimos a la semana. Pasaron unos días, llegó mi cumpleaños, y al ver a mi mejor amigo en mi fiesta, mi novio se enfadó y me dijo que fuera feliz con mi mejor 'amigo'. ¡Ahí se me rompió el corazón! Me dolió muchísimo que después de un año y nueve meses de relación jamás hubiera podido confiar en mí. Después me enteré de que, estando conmigo, ya ligaba con alguien más. Lloré mucho, no quería salir, me pasaba el día dormida y casi no comía. Por suerte, mi familia y mis amigos hicieron lo imposible por verme sonreír. Y aunque aún lo echo de menos y me duele lo que me hizo, ya me siento libre... Aprendí que nunca debo ser alguien que no soy".
Karla, una chica de 16 años que acaba de ver cómo se derrumbó su vida amorosa.

PROTEGE TU CORAZÓN

Si al igual que Karla has tenido una mala experiencia en el amor, ¡presta atención! Aquí están los mejores consejos para que te hagas fuerte, cures tus heridas y hagas remodelaciones a tu corazón.

BLÍNDALO

Aumenta tu autoestima, quiérete, valórate, escúchate, respétate, expresa en todo momento lo que sientes, lo que quieres ¡y jamás dejes de amarte! Esto no evitará una desilusión, pero te aseguramos que el golpe dolerá menos y las heridas sanarán más rápido.

DETECTA A LOS ROMPECORAZONES

No creas que todos los sapos se convierten en príncipes después del primer beso; de hecho, hay muchos que de sapos se transforman en grandes bestias y se caracterizan por ser:

* **Falsos:** Buenos contigo, pero un terror para los demás.
* **Patanes 100 %:** llegan tarde a todas las citas, jamás te invitan a nada, prefieren estar mirando el móvil, son cero atentos y nada educados. Manipuladores y

chantajistas, cuentan y presumen sus intimidades y te proponen ser su rollo o "la otra" porque están en una relación.

- **Supersexuales.** En cuanto te conocen te quieren besar y toquetear. ¡Solo piensan en el magreo!
- **Tienen mala reputación.** Suelen coleccionar follamigas en la fea vitrina de la friendzone.
- **Posesivos compulsivos.** Te ven como una pertenencia que no están dispuestos a compartir, se adueñan de tu tiempo y hasta de tu privacidad.
- **Machistas mil.** Su ego es tan grande que sienten que te están haciendo un favor por estar contigo, te humillan cada vez que pueden y siempre tratan de cambiarte.
- **Mentirosos profesionales.** Omiten, ocultan y falsean verdades terribles.
- **Violentos.** Te gritan, te insultan, te ofenden, te empujan, son bruscos y te amenazan constantemente.

Identifícalos y aléjate de ellos, porque son más dañinos que el colesterol.

TERAPIA INTENSIVA

Si tu corazón ha sido más apaleado que una piñata en plena fiesta infantil, ¿a qué esperas? ¡Aplica lo siguiente y te sentirás un poco mejor!

- **Déjate mimar** por tu familia, amigos y hasta tu perro.
- **Ve a un parque** y, en medio de la nada, grita, desahógate y saca todo lo que tienes.
- **Escríbele una carta** de despedida, pero no se la envíes, ¡quémala!
- **Vete de fiesta** y habla con un par de chicos.
- **Haz nuev@s amig@s.**
- **Cómete una tarrina** de tu helado favorito.
- **Rompe la hucha** y vete de compras.
- **Escucha música** que te haga bailar.
- **Apúntate a clases de música,** pintura, zumba o hasta ballet.
- **Lánzate en paracaídas** de un avión y recuerda que estás viva.
- **Haz ejercicio, come y duerme bien.**
- **Pasea en bicicleta** y habla contigo misma.
- **Transforma el dolor** en inspiración y escribe un libro, un poema, compón una canción o pinta un cuadro.

¿SABÍAS QUE...?

Casi tres meses es lo que el corazón necesita para estar de vuelta en el juego. De acuerdo con un estudio publicado en el *Psychological Science Journal,* once semanas después de haber experimentado una ruptura, el 71 % de los participantes en la investigación eran capaces de recordar la relación de forma positiva. ¡Ánimo!

- **Ve a la playa** y deja que las olas se lleven tus lágrimas y tristezas.
- **Entra a YouTube** y pártete de risa viendo los vídeos más graciosos.
- **Cambia de look** y conviértete en la chica más guapa, en la más sexy..., en la mejor.

REMODELACIÓN EXPRÉS

Después del temblor y de cerrar las grietas que dejó, lleva a cabo los siguientes consejos: te ayudarán a ordenar tus sentimientos, tirar lo que ya no sirve y seguir adelante.

- **Purifícate de él.** Vende en Wallapop, o dona todo lo que te regaló, quema las cartas que te escribió, borra todos sus mensajes de tu móvil, borra su número de tus contactos, bloquéalo en WhatsApp, deja de seguirlo en Twitter, elimina los selfies de ambos en Instagram y cambia tu situación sentimental en Facebook. Mantén distancia. ¿Ser amigos? ¡Ni lo pienses! No lo menciones en tus conversaciones y evita los lugares a los que ibas con él.
- **Saca la basura.** El odio, el rencor, la desilusión y la venganza son sentimientos ajenos a ti, no los necesitas, ¡tíralos! Y por difícil que parezca, perdónalo, así sin verlo ni decirle nada, solo hazlo de corazón. Recuerda que tu camino sigue y cargar con el pasado, además de dañar tu espalda, te prohíbe ver hacia adelante.
- **Recupera lo bueno.** Es posible que después del derrumbe tardes un poco en encontrar algo que valga la pena salvar, pero si buscas bien encontrarás tus sueños, suspiros, ilusiones, besos, abrazos, promesas, tu actitud, valor, autoestima, tus sonrisas... ¡y a ti! Limpia todas esas cosas, pues dentro de poco volverás a necesitarlas.
- **Transfórmate.** Aprende la lección, descubre lo que quieres y lo que no quieres en una relación, mantente positiva, sé paciente, y cuando estés lista ¡no tengas miedo de enamorarte otra vez!

El odio, el rencor, la desilusión y la venganza son sentimientos ajenos a ti, no los necesitas, ¡tíralos!

En voz del experto

Si crees que después del desastre no te puedes volver a enamorar, Yasmín tiene un mensaje para ti: "Que te rompan el corazón es inevitable, es como intentar que no se haga de noche. Hay que vivir y aceptar las experiencias que nos manda la vida y entender que todo tiene un propósito perfecto; también sabrás que todo lo que vale la pena en la vida implica un riesgo".

LO BUENO DE TODO ESTO ES...

Si creías que todo era malo, estás equivocada. De acuerdo con los especialistas, tiene sus beneficios que te rompan el corazón; por ejemplo:

* **Te deshaces de un mal** y te reencuentras contigo misma.
* **Sales de tu zona de confort** y empiezas a buscar lo que realmente quieres y necesitas.
* **Te quedas con grandes** conocimientos que puedes utilizar en una nueva relación.
* **Te haces más fuerte, más valiente** y, sobre todo, te das cuenta de que tienes la capacidad de volver a amar.
* **Creas nuevas amistades,** recuperas las pasadas y te unes más a tu familia.
* **Haces las paces** con la soltería y hasta logras disfrutar de tu soledad.
* **Aprendes a elegir mejor** a tus novios, ¡ya no te enamoras de cualquiera!

LO QUE NUNCA SE DEBE HACER...

Sabemos que es difícil, pero evita cometer los siguientes errores mientras tu corazón se encuentra en reparación:

* **Asumir el papel de víctima.** Es muy patético y no ayuda.
* **Alcoholizarte o drogarte.** Puedes acabar con una adicción terrible o incluso dejándole ridículos mensajes de voz en los que le suplicas volver.
* **Suplicarle te lleva a la humillación** y a que vuelva contigo por pena y no por amor.
* **Quedar como amigos** inmediatamente sería una tortura que no podrías soportar.
* **Caer en la desesperación.** Buscarte un nuevo novio solo para evadir la soledad te dejará más vacía y con más dolor que al principio, recuerda que "un clavo no saca a otro clavo", solo deja un agujero nuevo.
* **Renunciar al amor,** vivir en la depresión y creer que tu vida se fue con él.

PONTE A PRUEBA

Si te han roto el corazón y no sabes si estás lista para enamorarte de nuevo, responde nuestro test y descúbrelo. ¡Sé honesta!

1 Después de decirle a tu ex: "Adiós, lo nuestro se acabó", tú...

a) Sentiste que habías cometido un error y que lo mejor era volver a intentarlo.

b) Recogiste los pedazos de tu corazón, elevaste la cabeza y con lágrimas en los ojos decidiste continuar.

c) Te encerraste en tu habitación y durante días esperaste su llamada y abrazaste tu dolor.

2 Los regalos que tu ex te hizo...

a) Son tu mayor tesoro.

b) Desaparecieron de tu habitación.

c) Te han torturado noche y día.

3 Desde que no estás con él, ir a clase es...

a) Una oportunidad para reconciliarnos.

b) Una terapia, una distracción fabulosa.

c) Un reto doloroso que debes superar a diario.

4 Si un nuevo chico te invita a salir, tú...

a) Te pasas la cita hablando de tu ex.

b) Disfrutas la cita, te diviertes y te dejas mimar.

c) Te presentas acompañada de miedos, fantasmas y recuerdos..., cortesías de tu ex.

5 Crees que el amor de tu vida...

a) Fue, es y será tu ex.

b) Está por venir.

c) Llegará el día en que por fin logres olvidar lo que te hizo tu ex.

MAYORÍA DE A

La herida sigue sangrando

Sorry! Pero tu corazón roto sigue suspirando por su verdugo, aún lo quieres, lo odias, lo echas de menos, lo necesitas o piensas en él. Como sea, el punto es que aún no estás curada de él y empezar una nueva relación es una locura que podría hacerte más daño, así que relájate y, por difícil que parezca, disfruta de tu separación, vívela, enfréntala y aprende de ella. Antes de lo que imaginas, con paciencia, amor propio y mucho valor, volverás a ser la de antes y tendrás un corazón renovado y listo para amar.

MAYORÍA DE B

¡El siguiente!

¡Felicidades! Has cumplido con todas las etapas del duelo y, aunque ha sido difícil y doloroso, hoy tu corazón está más fuerte, más experimentado y totalmente sano. Sí, ya puedes iniciar un nuevo romance y entregarte sin rastros del pasado.

MAYORÍA DE C

En intervención...

¡Tranquila! Aunque tus heridas se están curando favorablemente y poco a poco has ido superando tu pasado, la verdad es que aún no estás lista para enamorarte de nuevo. Si lo haces, acabarás retrocediendo y creando heridas sobre las heridas. Mejor tómatelo con calma, apóyate en tus amigos y seres queridos para que la soledad y la desesperación no te hagan cometer una locura.

¡TRANQUILA!

Aunque tus heridas se están curando favorablemente y poco a poco has ido superando tu pasado, la verdad es que aún no estás lista para enamorarte de nuevo.

A MÍ TAMBIÉN

Me conquistó un idiota

Es el tercer mensaje que le mandas por WhatsApp a tu novio y, aunque aparecen como leídos desde hace horas, no te ha contestado. No lo quieres llamar, la última vez que lo hiciste se enfadó mucho porque estaba viendo el fútbol con sus amigos y se perdió los goles. Además, ya te lo advirtió: una más y rompéis. La vez pasada te dejó porque le dijiste que ya no os veíais tanto, se enfadó y te mandó a la mierda. Pero no soportas estar sin él, así que le suplicaste para que volvierais. Ahora os veis solo cuando él quiere y tú te conformas con eso... Y así podríamos seguir enumerando puntos en este drama disfrazado de amor, en el cual el protagonista masculino es un idiota. Si lo que contamos te resulta familiar, será mejor que sigas leyendo este capítulo para que tu vida amorosa no continúe siendo una tragedia.

PONTE A PRUEBA

¿ESTÁS EN RIESGO DE SER VÍCTIMA DE UN IDIOTA?

Responde estas preguntas con sinceridad.

1. ¿Le darías a tu novio las contraseñas de tus redes sociales como prueba de amor?

___

2. ¿Crees que los celos son normales en una relación y que solo hay que controlarlos?

___

3. Si un chico está tomando cerveza y te dice que la pruebes..., ¿le das unos traguitos aunque no te guste solo para quedar bien con él?

___

4. ¿Te vistes sexy para agradar a los chicos o a ti misma?

___

5. Tus padres no quieren que salgas con cierto chico porque creen que es una mala influencia. ¿Tienen razón o están paranoicos?

___

Al terminar de leer este capítulo, podrás analizar mucho mejor tus respuestas.

¡SE BUSCAN!

Te dejamos una lista de bandidos que andan sueltos por las calles dañando el amor propio de las chicas. Recompensa por encontrarlos y mandarlos muy lejos: cien mil sonrisas y sueños cumplidos.

TONY, EL CELOSO

Perfil: Este chico te llama unas diez veces al día para saber cómo (pero sobre todo dónde y con quién) estás. Además, no le gusta mucho que tengas amigos hombres, pero no es que desconfíe de ti, sino de ellos.

El sheriff opina: Quien piense que es normal que un chico se ponga celoso porque eso significa que está *muuuy* enamorado está totalmente equivocado. Los celos son reflejo de inseguridad, y solo un idiota se siente más tranquilo en una relación cuando tiene a su pareja sometida. ¿No te parece molesto que te pida tu móvil para jugar y termine viendo tus conversaciones de WhatsApp? ¿Crees que limitar tu libertad es amor?

ROB, EL FANTASMA

Perfil: Este tipo dice que, por tu bien, ¡nadie debe saber que estáis juntos!, Y él pone las condiciones de cómo, cuándo y dónde verse. Eso sí, hace su aparición espectral cuando quiere que le des unos besitos, que le prestes dinero o le hagas una tarea que a él le da mucha pereza.

El sheriff opina: Date cuenta, no es casualidad que únicamente te busque cuando necesita algo. La realidad es que no te ama ni te quiere a su lado, simplemente le resuelves la vida. ¿Quieres ser su novia o solo quien lo saque de apuros? Tú decides.

DANI, EL PSICOHOMICIDA

Perfil: Este transgresor se dedica a destrozar tus sueños con frases como: "¿Acaso no piensas o qué?" o "Cállate, solo dices tonterías".

El sheriff opina: Es uno de los más peligrosos y te diremos por qué. Imaginemos a una chica feliz que desea ser modelo profesional. Pero ¡oh, por Dios!, se enamora de alguien que la humilla, la pone en ridículo, la llama "gorda" y menosprecia sus esfuerzos. ¿Qué pasará después? Terminará dándole la razón a ese ser nocivo, pondrá en duda su inteligencia y se acostumbrará a ni siquiera tener metas en la vida.

CHARLY, EL MENTIROSO

Perfil: No importa si lo encuentras besándose con su ex, siempre tendrá una justificación tipo: "No es lo que piensas, mis padres se fueron y de repente apareció mi ex. Estábamos practicando la lección de respiración de boca a boca... ¿Te conté que estoy haciendo un curso de primeros auxilios?".

El sheriff opina: El problema real no es lo que te diga, ¡sino que le creas! Este forajido sabe que unos cuantos besitos y unas palabras conquistadoras son suficientes para convencerte de que te quiere y de que todo lo que no cuadra ¡son alucinaciones tuyas! Cualquier frase de amor debe estar acompañada de actos igual de cariñosos.

JACK, EL VIOLENTO

Perfil: "Estabas coqueteando con ese tipo, ¿verdad?", "¿A quién le quieres ver la cara de p3&#ffijo?", son algunas de sus frases favoritas, pero además las dice con furia y rencor. Este tipo no puede controlar sus enfados y frustraciones. Si considera que has cometido un error o le estás tomando el pelo, se transforma: alza la voz, se pone rojo, se le salen los ojos y hasta babea.

El sheriff opina: Si crees que unos cuantos gritos y empujones no son motivo de preocupación porque la gente a veces discute, por favor busca en Google por ejemplo "Chris Brown golpea a Rihanna". Por desgracia, podríamos llenar este libro con casos que demuestran que los actos de violencia le ocurren con mucha frecuencia a chicas de tu edad. Por eso es muy importante que huyas de un chico que da señales de agresión, jamás te quedes con él para averiguar hasta dónde puede llegar.

PETER, EL MANO LARGA

Perfil: Ese chico insiste todo el tiempo en que deberíais pasar al siguiente nivel en su relación. Cuando os besáis, insiste siempre en lo mismo, mientras tú te pasas el día quitándole las manos de encima.

El sheriff opina: Entendemos que las hormonas están a tope, pero lo que no mola es que el tipo no respete tu decisión y haga todo lo que está a su alcance para convencerte. Un chico que te quiere de verdad no insistirá; en cambio, un idiota pondrá en duda tu feminidad y te amenazará con dejarte si no le das el "sí" que tanto quiere.

*** Ojo, los nombres de estos criminales han cambiado. Cualquier parecido con la realidad es mera coincidencia.

En voz del experto

¿Qué es un idiota? ¿Cómo podríamos definir a esta clase de chicos? Buscamos la palabra en el diccionario y nos topamos con que es un "engreído sin fundamento para ello". ¿Pero eso qué significa? Este significado no nos sacó de dudas y por eso acudimos con Claudia Bello, especialista en psicoterapia de pareja de Chikome Centro de Desarrollo y Equilibrio. Ella nos dice que un idiota podría ser aquel chico que ejerce algún tipo de violencia o abuso, fuerza o poder para sacar ventaja. La experta también nos alerta de que hay que andar con ojo, un idiota no es solo aquel que golpea a una chica y la deja con el ojo morado. Igual de ofensivo resulta un pellizco que un puñetazo, pues ambas acciones tienen el fin de lastimarte. Hay indicadores de violencia que no tienen que ver con lo físico: los gritos, el chantaje, la manipulación, la persuasión y la insistencia también lo son. Sin embargo, hay chicas más vulnerables que otras a ser víctimas de idiotas. La experta asegura que durante la adolescencia, las chicas buscan que las reconozcan como mujeres y muchas veces permiten que los chicos las traten como tales. Si piensas: "Voy a hacer lo que este chico me pide para sentirme valorada como mujer; no quiero tomar alcohol, pero lo voy a hacer porque él cree que las mujeres que lo hacen son más valiosas", estás en riesgo de ser agredida, ya que comienzas a permitir que un idiota haga de las suyas.

ROMPIENDO MITOS

Existen ideas erróneas que fomentan la existencia de idiotas. Debes dejar de creer en estas mentiras y correr la voz para que pronto se extingan.

ELLOS SON MEJORES

Salvo por los olores corporales e intestinales (broma), los hombres no son superiores a las mujeres en ningún sentido. Sin embargo, algunas personas siguen creyendo en ideas machistas como "los hombres no lloran", "la mujer debe hacer las tareas de la casa", "la chica que se pone una minifalda está incitando a que la acosen", "un hombre puede tener varias novias, pero si es al revés... ¡ella es una p&t@!". ¡Ojo!, los idiotas acechan a las chicas que piensan así, pues saben que las dominarán. Dejémoslo claro: no hay un género superior al otro, chicos y chicas somos iguales y debemos tratarnos con respeto.

¡AY, DOLOR, YA ME HAS VUELTO A ATACAR!

¿A quién no le han roto el corazón y ha llorado hasta quedar hinchada como Rocky, ese boxeador de las pelis que le gustan a tu padre? Ok, chicos y chicas sufrimos después de una discusión; sin embargo, hay quienes hacen de ese sufrimiento un estilo de vida y se relacionan con chicos que no las quieren ni un poquito. Ellas están convencidas de que el amor debe doler, hasta el punto de derramar litros de lágrimas y algunas gotitas de sangre. Una relación de pareja debe hacerte feliz y sacar lo mejor de ti.

EL AMOR ES... ¡MÁGICO!

¡No quieras modificar la mentalidad de un idiota usando ¡el poder de tu amor!, pues, aunque intentes con todas tus fuerzas sembrar pensamientos como "me prometió que iba a cambiar" o "conmigo sí será un chico diferente", eso no sucederá. El precio a pagar por relacionarte con un idiota siempre será muy alto. Déjales a sus padres o al psicólogo el trabajo de cambiar a un chico problemático y violento.

ESCUDO ANTIIDIOTAS

7 CONSEJOS PARA MANTENERLOS ALEJADOS

Si sigues estas reglas en el momento de elegir novio, te aseguramos que mantendrás lejos a toda clase de gañanes. Toma nota.

1. SÉ LA NÚMERO 1

Las chicas con una autoestima baja atraen a los idiotas. Por el contrario, una chica que se quiere a sí misma no permite abusos. Hazte una promesa: quererte más que a nada en el mundo y ponerte siempre en primer lugar. Nunca permitas que nadie te desplace de ese sitio privilegiado.

---

2. DEFIENDE TU PERSONALIDAD

No importa cómo seas y lo que hagas, si eres tímida o extrovertida, si hablas con tu perro o ves gente muerta, lo primordial es que siempre seas fiel a tu persona, a tus valores, cualidades y deseos. O sea, si eres amante de los animales, no te imagino sonriendo de oreja a oreja cuando el chico que te gusta golpee a su mascota, ¿verdad que no?

---

3. APRENDE A DECIR "NO"

Las frases que los idiotas adoran escuchar son: "Sí, como tú quieras", "lo que tú digas", o mejor aún, que las chicas ni hablen y solo obedezcan órdenes. En cambio, si te atreves a decirle a un idiota: "¿Sabes?, lo que me pides no me apetece para nada", o "Disculpa, haré como que no he oído tu comentario", se esfumará al ver que no triunfará en su intento por manipularte.

---

4. HAZLE CASO A QUIEN TE QUIERE

No taches de loca a tu madre cuando te diga que no le gusta cómo te trata ese chico, ni ignores a tus amigas si te juran que has cambiado desde que estás con él; escucha a la gente cuando te dice que te tiene dominada o que no pareces tan feliz como antes. Los ojos de las personas que te quieren distinguen lo que no puedes, o no quieres, ver.

---

5. PIENSA EN POSITIVO

¿Cuando de amor se trata, tu máxima en la vida es ser la número 98 en la lista de conquistas de un chico? No es sano que te atraiga alguien que tenga características negativas, ni creer que es un partidazo porque ha estado con la mitad de las chicas del instituto. Antes de que empieces a babear por ese tío, responde: ¿Se lleva bien con sus padres, o es tan problemático que no lo quiere nadie?, ¿es famoso porque tiene un hígado resistente y no se emborracha con facilidad? Desecha a quienes no te ayuden a ser mejor persona.

---

6. TEN METAS MÁS IMPORTANTES

¿Qué tal si en tu lista de prioridades pones en la parte de arriba cosas como "ir a París a estudiar", "aprender a bucear", "comprar mi propio piso", en lugar de limitarte a soñar con "tener novio"? Si en el camino de tus sueños te topas con uno o varios chicos, genial, pero no es buena idea planear algo tipo: "¡Ah, sí, conoceré a un chico antes de mi cumple y seremos los mejores novios 4ever!". Si estás taaaan acelerada, corres el riesgo de relacionarte con cualquier "peor es nada" de perfil *idiotesco*.

---

7. SÉ TOLERANTE AL RECHAZO

Hay millones de chicos en el planeta, no mola tener los ojos clavadísimos en uno al que no le interesas. Para ser sinceras, ellos están en su derecho de decir que "NO", y eso no los hace unos idiotas. Si un tío no desea estar contigo, no te obsesiones ni intentes traspasar los límites de tu dignidad con tal de conseguir que te quiera. Solo te sentirás utilizada cuando, a pesar de todos tus esfuerzos, siga rechazándote.

Y LO MÁS IMPORTANTE...

Cuando los idiotas se sienten desafiados por las chicas a las que han atemorizado (como cuando se quieren separar de ellos), lo que hacen es lanzar amenazas como: "Si me dejas, me mato", "Si me acusas, haré daño a alguien de tu familia", etcétera. El objetivo de un individuo así es infundirte miedo para que no hagas nada por escapar de sus abusos. ¡No lo permitas! Habla con las personas a quienes quieres, acércate a asociaciones que luchen en contra de la violencia hacia las mujeres y denuncia ante las autoridades.

A ella también

"Desde siempre me gustó un chico, tanto que me hice novia de uno de sus amigos para estar cerca de él. Estaba dispuesta a conquistarlo, así que terminé con el otro y en una fiesta le confesé que estaba loca por él. Ese día nos besamos y me moría de ganas de ser su novia. Me dijo que no quería nada serio, pero que si de verdad lo quería podíamos tener un rollo. Nos veíamos de vez en cuando por las tardes, porque me pidió que no me acercara a él en el instituto. Como me gustaba tanto, no pude evitar ir hacia él en el instituto y darle un beso, pero a él no le gustó nada, me empezó a insultar delante de sus amigos y después me dejó. Me dolió mucho y creo que sí era un idiota". Anónimo, 16 años

CUANDO PERMITES QUE UNA PERSONA PASE POR ENCIMA DE TU PERSONALIDAD, ESTÁS DEJANDO QUE VULNERE TU DIGNIDAD: A TODO IDIOTA LE ENCANTA HACER ESTO.

A MÍ TAMBIÉN

Me gustan dos chicos

Ese chico que hasta hace unos días era uno más y te hacía sentir completamente indiferente, de pronto te parece interesante, guapo, simpático y hasta misterioso. Después de unos días, ÉL se convierte en el centro de tus preocupaciones, monopoliza tu tiempo y atención. Todo el día te imaginas cómo serán sus besos, sus abrazos y ser su novia. No haces otra cosa más que pensar en sus bonitos ojos, sus pestañas y la suavidad de su pelo... ¡Hasta que llega otro chico que te hace sentir exactamente lo mismo! Sueñas con uno, pero babeas por otro. Crees que tu corazón se encuentra en una encrucijada emocional digna de una telenovela, incluso sientes que estás cometiendo una infidelidad mental y te sientes mal porque fantaseas con los dos. Quizás tu futuro se encuentre en un psiquiátrico con una camisa de fuerza, pues nadie te dijo que era posible querer con la misma fuerza e intensidad a varias personas. Sí, tu corazón parece un edificio de apartamentos en donde cabe la sonrisa de Juan, los ojos de Pepe y la personalidad de Santi. ¡Ay, el amor!

AMORES PLATÓNICOS

Como te habrás dado cuenta, el camino hacia el amor está lleno de trampas, lágrimas, confusión y alguna que otra locura, sobre todo porque tus primeros contactos con Cupido se dan en medio de uno de los periodos más locos que tendrás en la vida: la adolescencia. En esta etapa, las hormonas te juegan malas pasadas y transforman tus sentimientos, tu percepción de ti misma y de lo que estás viviendo. De por sí ya es bastante complicado el amor, como para que ahora te encuentres con que tienes la "cualidad" de enamorarte multitudinariamente. ¿Por qué te pasa esto?

¿ESTOY LOCA?

¿O tal vez sea una pequeña adicta a los hombres? Quizás crees que te gustan todos y jamás podrás decidirte por uno, pero tenemos buenas noticias: no estás loca ni te falla la razón, de hecho es bastante normal que te guste uno, quizás dos o hasta tres chicos al mismo tiempo, y eso no significa que quieras ir al altar de la mano de todos ellos. Lo que sucede es que, en la adolescencia, así como se está formando tu personalidad y hermoso carácter, también estás construyendo tu propia idea acerca del amor y te encuentras en la búsqueda de las posibles características y cualidades (tanto físicas como emocionales) que te gustaría encontrar en tu futuro novio. En esta etapa todo es fantasía, imaginas cómo sería salir con los chicos que te gustan, qué sentirías siendo su chica, besándolos y abrazándolos. Todo esto sucede exclusivamente en tu imaginación, la cual se encarga de crear fantasías. Así que tranquilízate, es normal ser enamoradiza, así como también enamorarte y desenamorarte a la velocidad de la luz. Estas experiencias te dan la oportunidad de vivir diferentes emociones, conocerte a ti misma y a los demás, lo que el día de mañana te ayudará a relacionarte mejor con los chicos e incluso definirá tu actitud ante el romance. Así de importante es lo que estás sintiendo ahora.

A ella también

"He tenido más amores platónicos que novios. Por ejemplo, estuve pillada por un chico que me encantaba, era muy guapo y tocaba la guitarra, pero nunca me hizo caso; intenté llamar su atención, le escribía por WhatsApp y todo, pero siempre me dejaba en leído, y yo me quedaba supertriste, así que le dejé de hablar. Lo peor es que ahora es él quien me busca, pero a mí ya me gusta otra persona. Hace tres meses decía 'quiero la personalidad de este chico, los ojos de este otro y la altura de ese tío', pero ¡no se puede! Después encontré a un chico que me empezó a gustar más, me fijé en sus emociones y personalidad y después en el físico, ¡es un chico que ya no necesita complementos!, me gusta todo de él". Frida, 13 años.

LO BUENO DE SER ENAMORADIZA

La psicología define tus enamoramientos como platónicos, ya que en la mayoría de las ocasiones ¡el objeto de tus desvelos ni siquiera sabe lo que sientes (o a veces ni que existes)! Es una idealización del chico (o los chicos) que te atrae(n); pueden ser profesores, estrellas de la música o del cine. No tiene nada de malo puesto que tu ensoñación romántica no tiene un plano real, y además ¡tiene varias ventajas y desventajas! ¿Las conoces?

VENTAJA: No hay compromiso, así que puedes enamorarte de uno y cambiarlo al día siguiente por otro que te guste más, sin darle explicaciones al primero.

DESVENTAJA: No concretarás nada y quizás el chico jamás se entere de que lo tienes en un altar.

VENTAJA: Nadie dirá que eres una loca-conquistachicos, ni que los cambias tan a menudo como tu ropa interior, ya que la "relación" sucede solo en tu cabeza.

DESVENTAJA: Jamás sabrás qué se siente al besarlos.

VENTAJA: Los amas "como son".

DESVENTAJA: La verdad es que no sabes si te gusta la personalidad de alguno o si tienen hábitos que odiarías, porque no los conoces. Idealizas tanto a los chicos que terminas dándoles atributos que quizás no tengan.

VENTAJA: No debes preocuparte ni darle explicaciones por ver a otro.

DESVENTAJA: Tu infidelidad no existe, ¡pero tampoco un noviazgo!

Lo mejor sería que llevaras este sentimiento a planos reales. Atrévete a hablar con ellos, conocerlos, preguntarles por sus gustos y aficiones, ya es hora de que no solo idealices a los chicos, sino que rompas esa barrera de timidez y te decidas a comprobar cuáles son los defectos y virtudes de cada uno y sepas con quién eres más compatible y quién tiene las cualidades que robarían tu corazón.

PONTE A PRUEBA

LOS QUIERO, NO LOS QUIERO...

☑ ¡Tienes que decidirte por uno! Sabrás que es el indicado si el chico es lo suficientemente especial como para causar esta lluvia de sensaciones. Es "el bueno" si...

- ☐ ¡Se te quita el hambre con solo pensar en él! Las patatas que venden en la salida del instituto dejan de parecerte apetecibles.
- ☐ Tus padres han notado que te arreglas más que de costumbre o que te pones roja cuando te preguntan adónde vas tan guapa.
- ☐ Tus amigas o familiares te repiten las cosas varias veces, hasta te gritan, te hacen señas para que les hagas caso, y tú ni te enteras. Parece que estás en el planeta de los *enamoñoños*.
- ☐ No tienes noción del tiempo y cinco minutos pueden ser eternos, mientras que una hora contemplando al dueño de tus suspiros y su belleza espectacular te parecen tan solo unos segundos.
- ☐ Cuando ves a ese chico te sientes sobresaltada, automáticamente feliz, sudas mucho y te late el corazón a mil por hora.
- ☐ Sientes un profundo deseo de acercarte a él, sentir su mano, rozar su piel, y, la verdad, ¡quieres comértelo a besos!
- ☐ Tu miedo más grande es que no le gustes, te rechace o piense que vales menos que un cactus ahogado.
- ☐ Te cuesta trabajo concentrarte en el instituto, crees que el profesor habla en hebreo antiguo porque no le entiendes nada y calificas las clases como una pérdida de tiempo que te impide seguir pensando en tu chico.
- ☐ Estás SEGURA de que él es perfecto, único, especial, irrepetible, guapísimo, tierno, sexy y el hombre de tu vida.
- ☐ Piensas que sois el uno para el otro, porque hasta vuestros signos del zodiaco son compatibles y os gusta el mismo grupo de rock... ¡Sois almas gemelas!
- ☐ Sabes que tiene buenos sentimientos y es noble, es buen amigo y te encanta cómo viste.

RESULTADOS

Si has respondido positivamente a más de cinco enunciados, tenemos que felicitarte porque se ha manifestado tu capacidad para sentir amor romántico por alguien... ¡Vas camino de la madurez emocional! El enamoramiento es una etapa en la cual nos sentimos atraídas (casi siempre físicamente) por alguien, nos pasamos el día suspirando y haciendo corazoncitos en la última hoja del cuaderno de Física. Pero lo tuyo va un poco más allá, ya que has logrado conocer a fondo a tu chico y te gusta su aspecto, cómo huele, las cosas que dice, lo que hace y piensa. ¿Por qué no pierdes el miedo y te acercas?

LO QUE NO DEBES HACER

Ok, está bien eso de tener un corazón enamoradizo, pero llevar a tus amores platónicos al plano real y transformarte en una jequesa árabe que tiene varios "esposos" no mola. Evita los siguientes errores:

* **Besar a uno y luego al otro** y luego al otro para salir de dudas. ¡Para! Eso confundirá más a tu alocado corazón, además de que echará por tierra tu reputación y los chicos creerán que solo estás jugando o eres fácil.
* **No pases del amor platónico múltiple** a la relación múltiple. Puedes tener amigos con derecho o enviar a varios chicos a la friendzone, pero quizás después nadie querrá estar en serio contigo.
* **Podrías darle alas a más de uno** que, esperando tenerte en exclusividad, muera de tristeza al ver tu inestabilidad emocional.
* **Si no te has decidido por alguno,** ¡no abras la boca!, no conviertas tus dudas en un campo de batalla entre varios chicos para ganar tu corazón.
* **Podrías enviar las señales equivocadas** y tus ligues pensarían que solo te gusta la diversión y que no quieres nada serio con nadie.
* **Cuida tu corazón, podría salir lastimado.** Medita en la soledad de tu cuarto o en las hojas de tu diario quién te gusta más y por qué.
* **Una vez que tomes la decisión, ¡lánzate a por todas!**

En voz del experto

Roberto Herrera, maestro en psicoterapia psicoanalítica con más de diez años de experiencia en terapia de adultos y adolescentes, explica que "el enamoramiento es superimportante, ya que es parte del crecimiento de cualquier persona. Más en la adolescencia, que es cuando la chica despierta al mundo de los adultos y se da cuenta de que ya ha crecido y cuenta con la capacidad para hacer muchas cosas. Puede tener varios amores platónicos, porque eso significa tener varias proyecciones de su propia historia de vida, ideales o expectativas que descarga en varias personas, familiares o profesores, gente de la vida cotidiana, artistas o un ídolo juvenil. Los amores platónicos no pueden hacerse realidad porque no son posibles, no son reales, siempre hay en ellos una decepción. Todas la chicas deben pasar por ese proceso de aprendizaje y esa forma de crecer".

YO DECIDO

– CAPÍTULO 6 –

SEXOTEEN

A MÍ TAMBIÉN

A MÍ TAMBIÉN

Me gusta tocarme

De vez en cuando, bajo el calor de tus sábanas, dejas volar tu imaginación y en complicidad con el silencio, la oscuridad y tus dedos, te comienzas a acariciar. Te sientes bien y, aunque puedes, no tienes intenciones de parar; tus dedos se pierden bajo tu ropa interior y el ritmo de tu respiración se sincroniza con las pulsaciones de tu corazón, ahogas tus gemidos y con la mirada clavada en ninguna parte, experimentas sensaciones increíbles y llegas a un clímax de placer inexplicable. Y justo cuando la excitación se convierte en relajación, el "qué dirán" se instala en tu mente y te comienza a molestar, te llama "rara", te dice que estás "enferma" y que lo que acabas de hacer no es "normal". Sales de la cama, corres hasta el espejo, cubres tu cuerpo y comienzas a formularte preguntas, dudas de las que seguramente no hablarás con nadie. Por suerte, en este capítulo vamos a despejar varias de tus inquietudes respecto a la masturbación; pero antes, responde nuestro test y descubre cuál es tu postura frente a ella.

¿QUÉ ES LA MASTURBACIÓN?

Existen decenas de teorías y explicaciones que atacan o defienden esta práctica, así que, para no convertir este capítulo en una batalla aburrida de posiciones y perspectivas, de amiga a amiga compartiremos contigo lo que Alessia Di Bari, sexóloga mexicana, fundadora y directora del centro Evolución Terapéutica, nos ha contado: la masturbación es la manera más primitiva, natural, íntima y divertida que tenemos los seres humanos de conocer nuestro cuerpo, sentir placer y experimentar parte de nuestra sexualidad.

TOCARTE TIENE SUS BENEFICIOS...

¿Sabías que al tocarte, además de sentir placer, te estás haciendo un bien? ¡De verdad! Estudios recientes realizados por el Instituto Kinsey de Investigación sobre Sexo, Género y Reproducción de la Universidad de Indiana, en Estados Unidos, le han atribuido numerosos beneficios a la masturbación.

* **Es un método efectivo** para sentir placer, sin riesgos de quedarse embarazada o contraer una enfermedad de transmisión sexual (ETS).
* **¡Te relaja!** Gracias a que el cuerpo libera oxitocina, el cerebro logra mayor estabilidad emocional.
* **Le da alas a tu imaginación.**
* **Protege tu salud;** y es que, al llegar a la cima de la excitación, el cuerpo libera cortisol, hormona que en pequeñas cantidades mejora las respuestas y defensas del sistema inmunológico.
* **Te hace sonreír y te hace feliz,** pues al tocarte se liberan endorfinas, hormonas, que, combinadas con el cortisol, reducen la depresión.
* **Ayuda a disminuir** los dolorosos cólicos menstruales.
* **Es más eficaz que contar ovejas** para espantar el insomnio.

En voz del experto

Sin embargo, y pese a los increíbles beneficios de la masturbación, esta es perseguida por varios mitos. La especialista Di Bari nos explica si las siguientes afirmaciones tienen o no sustento.

MITO: **Si me toco, un ejército de granos asquerosos invadirá mi cara.**
LA EXPERTA DICE: La aparición o desaparición del acné es una cuestión hormonal y dermatológica que nada tiene que ver con la masturbación.

MITO: **La masturbación es solo para las chicas solteras; las que tienen pareja no practican la autoexploración.**
LA EXPERTA DICE: La masturbación no está reñida con la relación de pareja, y existen encuestas que demuestran que las chicas con pareja se masturban igual o más que cuando estaban solteras.

MITO: **La masturbación afecta a la virginidad.**
LA EXPERTA DICE: ¡Por supuesto que no! La virginidad se pierde con la ruptura del himen y este es tan flexible que puedes introducir un tampón, recibir una revisión ginecológica o tocarte sin que se rompa.

MITO: **Las caricias afectan a mi orientación sexual.**
LA EXPERTA DICE: No, la preferencia genérica (quién te gusta) nada tiene que ver con la masturbación. Una cosa es quién me gusta y otra muy distinta es qué me gusta (la forma de tocarte, por ejemplo).

MITO: **De tanto tocarme, puedo provocar insensibilidad.**
LA EXPERTA DICE: La frigidez (falta de interés sexual) es un tema ajeno a la masturbación, esta no disminuye la sensibilidad genital.

MITO: **Si me toco, acabaré con daños psicológicos, físicos o sociales.**
LA EXPERTA DICE: La masturbación en sí misma no causa ningún tipo de daño psicológico, físico o social, pero las opiniones que tenemos cerca de esta sí nos podría causar algún daño emocional.

ALGUNOS DATOS HOT

En 2008, Joyce McFadden, reconocida psicoanalista estadounidense, realizó un estudio sobre la masturbación femenina. Sus resultados mostraron lo siguiente:

70 % de las chicas ha experimentado culpa frente a la masturbación.

80 % aseguró que nadie les enseñó que la masturbación es normal.

88 % señaló que les encantaría escuchar a otra mujer hablar sobre el tema.

CON LOS DEDOS EN MI MASA... SI ME PILLAN, ¿QUÉ?

Aunque casi nadie se atreve a confesarlo, te aseguramos que a muchas chicas las han sorprendido mientras sus yemas derrapan por las curvas de su cuerpo. Si te has salvado de que te pregunten: "¡Niña!, ¿qué estás haciendo?", te presentamos algunas ideas que te ayudarán a salir viva (o por lo menos evitar lo que podría ser un gran *Epic Fail*).

* **Di que te estabas rascando** porque un te picó un mosquito. "Maldito mosquito, ¡aléjate de mí!".
* **Invéntate que te estabas** aplicando crema corporal. "Es para evitar la aparición de celulitis prematura".
* **Si es de noche y ya estás en la cama,** cierra los ojos y actúa como si fueras sonámbula y haz que tus caricias parezcan involuntarias.
* **No hagas nada y pon cara de zombi.** "*What?*".
* **Di que te estás contando los lunares.** "...53, 54, 55... Pufff, mejor sigo mañana".
* **Sé honesta, no tengas miedo** y di la verdad. Aunque parezca un consejo imposible de aplicar, de acuerdo con la sexóloga Di Bari, hablarlo sirve para quitarle el título de tabú.
* **En el caso de ser descubierta,** la honestidad ayuda a que la sorprendida y quien sorprende puedan sentirse tranquilas y mantener una relación de lo más normal, como si nada hubiera pasado. Así que respira y ve preparándole a tu madre una tila.

PARA QUE NO TE PILLEN...

- **Hazlo cuando estés sola** en casa o segura de que todos se hayan ido a dormir.
- **Cierra con pestillo** la puerta de tu habitación.
- **Pon música,** sube el volumen y de vez en cuando grita alguna estrofa.
- **Hazlo mientras** te das una ducha.
- **Sé discreta.**

En voz del experto

Finalmente, y de acuerdo con Alessia di Bari:

Las chicas empiezan a masturbarse a partir de los doce años.

La masturbación es un tabú por diferentes razones:

- **Religiosas.** Existen muchas doctrinas que constantemente te dicen que la masturbación es pecado, que está mal y que deberías evitarla a toda costa.
- **Culturales y sociales.** Si crecemos escuchando que nuestra vulva huele mal, a pescado o a podrido, es normal que nos dé asco tocarnos... ¿Por qué nos gustaría hacer algo que toda la vida nos han dicho que es sucio y asqueroso?
- **Familiares.** Para algunas personas la masturbación es sinónimo de "grosería", ni siquiera está permitido mencionar la palabra. La culpa aparece tan solo por pensar en ello..., ya no digamos por practicarlo.

Si de pronto sientes que la vida se te va porque necesitas ir a masturbarte, o la utilizas como una salida a la ansiedad, la práctica se te ha ido de las manos y lo mejor es que acudas con un especialista.

A MÍ TAMBIÉN

Me enciende el sexting

Acabas de darte un baño y estás envuelta en una toalla enorme. En la intimidad de tu habitación, te miras en el espejo ¡y estás increíble! Tu piel está radiante y algunas gotitas de agua se deslizan por tus brazos y espalda. Tus mejillas están sonrojadas por el vapor y empiezas a imaginarte protagonizando el anuncio de una línea internacional de champú, desodorante o jabón con olor a fresas. No puedes desperdiciar un momento tan perfecto, así que, móvil en mano, comienzas a hacerte fotos. Cambias la pose, dejas la espalda descubierta, pones tu pelo de lado, te acuestas en la cama, te acercas a la ventana. De pronto, entre todas esas imágenes, consigues una supersexy en la que estás perfecta... ¿Y si se la mandas a tu novio? Seguro se volverá loco de emoción (o de excitación). Así empiezas una conversación megahot con tu chico, en la que le envías imágenes en las que cada vez hay menos toalla y más piel, pero ¡qué importa!, ¡no estás haciendo nada malo!, ¿o sí? Y efectivamente, después de despertar el interés de tu chico, no dejas de recibir mensajes en los que te pide que le enseñes un poco más. Dudas entre quitártelo todo o dejar algo a la imaginación, pero ¡para eso está Snapchat!, ¿no? Además... ¡nadie se va a quedar embarazada por esto! Y tu novio es discreto, todo un caballero sin memoria, una verdadera tumba, y está claro que moriría antes que enseñarle a alguien las fotos tan especiales que le enviaste solo para sus ojos.

PONTE A PRUEBA

Dices ser liberal y estar lista para afrontar los retos de una sexualidad libre y responsable. ¿Será cierto? Resuelve el siguiente test y averígualo.

1 Crees que las fotos XXX que le envías a tu chico...

a) Terminarán en el basurero de su smartphone, pues le pediste que las borrara después de verlas y así lo hará, ¡no hay duda!

b) Estarán archivadas en su ordenador para que pueda verlas cuando se le antoje.

c) Acabarán publicadas en Facebook de manera anónima (es que al pobre le roban el móvil cada poco).

2 La posesión y distribución de fotos de menores edad en poca ropa o sin ella es...

a) ¡Guay! Enseñar y "poner" a alguien es un arte.

b) Normal, ¿no?, todo el mundo lo hace.

c) Un delito.

3 ¿Serías capaz de grabar un vídeo desnudándote y enviárselo a tu novio?

a) Solo si te lo pide el chico que te gusta mucho y te promete amor eterno.

b) Podrías hacerlo... si él te manda un vídeo así primero.

c) No te atreverías, ¿para qué? Eso de debutar como actriz porno no te apetece.

4 Después de enviar una foto en topless, te sentirías...

a) Sexy y con el cuerpo perfecto para poder hacerlo... ¡No puede cualquiera!

b) Preocupada y nerviosa, por eso... ¡ya la borraste de tu móvil y eliminaste la conversación!

c) Mal, triste, extraña.

5 Todos los de tu grupo han visto la foto de una chica de tu clase... ¡desnuda! Lo que piensas de ella es...

a) ¡Qué tonta! En esa foto parece gorda, ¿para qué la mandó?

b) Sientes vergüenza ajena, pero no dices nada.

c) Tú también eres una chica y te da coraje que los demás sigan reenviando la foto, incluyendo a varias chicas. ¡No es justo para ella!

RESULTADOS

MAYORÍA DE A

No eres consciente de que en lugar de parecer adulta, sexy y dueña de la situación, practicar sexting exhibe tu desinformación. Tu objetivo con este tipo de imágenes es provocar deseo, sentirte admirada por alguien a quien también quieres y deseas, o a quien quieres conquistar, pero la verdad es que no tienes idea (ni control) de lo que sucederá con estas imágenes una vez enviadas. Podrías ser víctima de extorsión de parte de esa persona que acabas de conocer en Facebook, de la que consideras tu mejor amiga o de tu chico: imagínate que a quien se las mandaste empiece a odiarte por algún motivo y de pronto te amenace con publicarlas si no haces lo que quiere (lo que puede incluir tener relaciones sexuales o enviarle imágenes cada vez más subidas de tono).

MAYORÍA DE B

Aunque creas que el sexting es algo inofensivo y divertido, enviar y recibir fotos de menores de edad en poses o situaciones sexuales, con poca ropa o sin ella, es pornografía infantil. ¡Así como lo lees! Puede tener graves consecuencias sociales, psicológicas y hasta legales, ya que es un delito perseguido a nivel internacional. Tú, tu novio o rollo y todas las personas que tengan esas fotos podrían ser acusadas de posesión y distribución de pornografía infantil y terminar en un lío legal tremendo. Además, suponiendo que tu novio jamás las haga públicas, ¿qué pasaría si le robaran el móvil, lo perdiera o alguien con quien comparte el ordenador en casa encontrara tus fotos? Solo imagínate, ¿cómo te sentirías si esas imágenes circularan por los móviles de todos los chicos de tu colegio, barrio, ciudad o país?

MAYORÍA DE C

Eres más inteligente que tu smartphone, piensas antes de enviar una foto o publicarla en redes sociales. Tu autoestima no está ligada a los likes ni a los emojis con ojos de corazón que tu chico te envía, ni a las peticiones de tu nueva conquista en Facebook; eres capaz de decidir lo que es bueno para ti y te conviene, y eso incluye no enviar nada comprometedor a nadie. Puedes decir "no" a las peticiones de tu novio o de tu rollo, por muy enamorada o confiada que estés. Conoces muchos casos de la novia que, sin pensar en nada más que en el amor, envió fotos sexys a su chico para excitarlo, pero él no solo reenvió las fotos, sino que hasta les creó un perfil en Facebook que alimenta casi a diario. Lamentablemente, una vez que envías tus fotos no sabes en dónde terminarán, puede ser en manos de pedófilos, depravados o redes de prostitución infantil.

SEXT... ¿QUÉ?

El sexting se ha convertido en la realidad de miles de niñas alrededor del mundo que quieren darle algo especial e inolvidable a sus novios: les envían fotos, vídeos y mensajes superhot, en los cuales se exhiben con poca ropa (o sin ella). Puede parecer que estas acciones son normales y hasta una opción para practicar el sexo seguro, pero no es así. Al enviar cualquiera de estas imágenes y mensajes, pierdes automáticamente el control sobre ellos y nada te garantiza que no acaben en manos de alguien que no debiera verlas. No estamos diciendo que los malos, culpables y enemigos públicos número uno de las chicas sean sus propios novios o ligues, ¡para nada! Pero es mejor que conozcas los peligros y consecuencias y que no cedas nunca a ningún chantaje.

¿GROOMING?

También está el caso de desconocidos que mediante perfiles falsos se hacen pasar por chicos normales (bueno, generalmente guapos, populares, que practican deportes extremos y tienen sonrisa de estrella del pop) para acercarse a las chicas, ganarse su confianza y buscar una cercanía emocional con ellas. Ya sabes: parece que es el único en el mundo que te entiende, que se preocupa por ti... ¡y además le gustas y mucho! Todo lo anterior solo para conseguir, mediante coqueteo y seducción, imágenes comprometedoras de las chicas con que contactan. Lamentablemente, ese muchacho guapo y casi perfecto no existe, en realidad es un hombre (o mujer) de edad adulta con dudosas intenciones. Esto se vuelve un círculo vicioso en el que las primeras imágenes sirven para conseguir más, bajo la amenaza de hacer públicas las existentes si la víctima no envía fotos nuevas. Pero ¿por qué lo hacen? Un objetivo es abusar de las chicas, iniciarlas en la prostitución o la producción de pornografía infantil. La iniciativa "Por un internet seguro", resalta que este es un delito sexual cada vez más frecuente; los ciberacosadores se dirigen a niños y adolescentes porque la falta de madurez hace que no tengan los recursos necesarios para enfrentarse a ellos. Así que todo lo que te dicen tus padres, esas recomendaciones de no revelar tus datos personales (ni los de ellos), tus actividades extraescolares y demás información ¡es superimportante! Y sin querer sonar ñoños, te diremos sin rodeos que ¡tus padres tienen razón! Aunque es probable que haya personas encantadoras y bienintencionadas en la red, debes abrir los ojos y pensar que no todo es lo que parece.

En voz del experto

¿Por qué montar un espectáculo xxx si eres menor de edad? De acuerdo con la psicóloga social Irene Silva, académica de la Universidad Autónoma Metropolitana, "lo que buscan esas niñas es que el chico que les gusta las acepte, por eso acceden a peticiones de enviar fotos en las que aparecen sin ropa. Lamentablemente, desde pequeñas les dijeron que ese es su papel y que tienen que ceder. Que alguien les pida algo que agrede sus valores, creencias y principios es violentar sus propias formas de pensamiento. Lo malo es que no lo han identificado como violencia, sino como la búsqueda de la aceptación. Estas chicas creen que la persona a quien le envían estas fotos eróticas no las va a difundir, viven en la ilusión de que estas imágenes no las van a perjudicar".

TU REPUTACIÓN DIGITAL

Es el resultado de todo lo que haces, publicas y compartes en internet. Reflexiona antes de compartir:

* **¿Qué sentirías si tus padres** vieran la foto que le acabas de mandar a tu chico?
* **¿Te morirías de vergüenza si alguien más leyera** el mensaje que le estás enviando a tu nuevo ligue por WhatsApp?
* **¿De verdad necesitas "exhibirte"?** Recuerda: no eres una mercancía que otros deben "probar".
* **Ojo: no eres el objeto sexual de nadie,** tu cuerpo es únicamente tuyo; es lo más importante que tienes, no lo exhibas ante cualquiera.
* **¿De verdad crees que es sexy** que él te pida posar sin ropa? Alguien que te quiera jamás te obligará a hacer algo que te haga sentir mal.
* **¿Crees que gozas de cierto anonimato en internet?** Olvídalo, lo que haces en internet ¡se queda en internet!
* **Recuperar esa foto que le acabas de enviar** a tu mejor amiga en la web ES IMPOSIBLE. Las cadenas que se forman al compartir una y otra vez una imagen son infinitas. Ni en un millón de años podrías hacerla desaparecer.
* **Tus fotos podrían afectar a tu futuro:** impedirte conseguir empleo o encontrar a alguien que te quiera de verdad y no solo porque quiera verte desnuda.
* **Sé responsable con lo que envías** y con lo que otros pudieran reenviar de ti.
* **Aprende a cuidarte, a decidir y a evitar** que el amor, una ilusión o la necesidad de aceptación por parte de quien te gusta te lleve a cometer una locura de la que pudieras arrepentirte.

A ella también

Amanda Todd, una chica canadiense de 15 años, sufrió el acoso de un desconocido que la obligó a mostrar sus pechos en una webcam, cuyas imágenes después distribuyó. Después de mensajes y abusos en redes sociales, la salud de Amanda empeoró y comenzó a autolesionarse. El 10 de octubre de 2012, Amanda se suicidó. Antes de hacerlo, subió un vídeo a YouTube (que ya tiene millones de reproducciones) en el que hablaba de su historia: "Lloro cada noche, perdí a mis amigos y el respeto de los demás", mientras lamentaba no poder borrar esa foto de internet, ya que estará ahí para siempre. Aunque parezca inofensivo, ¡no te dejes presionar por nadie! Y muy importante: aunque la burla de los demás parezca simplemente un chiste inofensivo, ¡no participes en este tipo de acosos! Son situaciones muy dolorosas, que pueden terminar con la vida de alguien.

A MÍ TAMBIÉN

Me quieren llevar a la cama

Después de quince noches en vela hablando por WhatsApp, ¡Cupido os lanzó una flecha! Os hicisteis novios, intercambiasteis besos, abrazos, anécdotas, risas, ilusiones, sueños, tristezas ¡y mucho mucho amor! Los meses se acumularon y una noche, mientras hablabais en el banco que hay en la puerta de tu casa, y con la luna como testigo, te prometió amor eterno, te pegó a su cuerpo y después de un beso ultramegasuperhot, teacarició el culo y con voz nerviosa te dijo: "¡Me encantas mi amor!". Sonreíste, colocaste sus manos de nuevo en tu cintura y respondiste con timidez: "Tú también me encantas, pero...". "¿Verdad?", te interrumpió, afirmaste con la cabeza y os volvísteis a besar. Segundos después sus manos te volvieron a incomodar, así que se las sacaste de tu blusa y dejó de besarte. "¿Qué pasa?", te preguntó. Dijiste que nada, y por tercera vez volvió a besarte. Entonces, entre dientes, le dijiste que no te tocara más. Pero a él le dio igual, te recostó sobre el banco, se colocó sobre ti y volvió a tocarte, así que interrumpiste sus movimientos y, sin darle un beso de despedida, te levantaste y le dijiste adiós. Al día siguiente te fue a buscar, te regaló una rosa y, después de disculparse supertriste y de tirarte un superrollo, te propuso que lo acompañaras a su casa para reconciliaros y dar el siguiente paso en la relación...

SEXO = ¿AMOR?

¡Pum! Sabemos que piensas en SEXO, y que, además de dudas y temores, te invade una dosis de excitación, lo cual es normal porque durante la adolescencia empiezas a albergar deseos sexuales. Según la psicóloga y sexóloga Silvia Olmedo, esto no significa que estés preparada física o mentalmente para experimentar una relación sexual. También asegura que pedir sexo como una manifestación de amor no es más que un chantaje, un acto abusivo y egoísta, una manipulación del amor; por lo que quedarte en shock después de su propuesta también es normal.

PONTE A PRUEBA

Recupérate del shock y descubre cómo reaccionar ante esta petición.

1 Tu ardiente chico te propone que hagáis el amor, tú...

a) Aceptas, siempre y cuando te prometa que la experiencia será romántica y muy especial.
b) Antes de contestar, le pides una fecha límite para pensarlo.
c) Lo enfrías con tu indecisión.

2 Si te acostaras con el chico que te gusta, sería...

a) Porque te apetece y caes ante la pasión.
b) Porque lo amas y no quieres perderlo.
c) Porque quieres y no hay presión.

3 Si cada novio que tuvieras te propusiera acostarte con él, tú...

a) Te sentirías superatractiva.
b) Te sentirías utilizada.
c) Coleccionarías ex, ¡los dejarías al momento!

4 Te vas de fiesta a la casa del chico que te gusta y después de un rato te dice que subáis a su habitación, tú...

a) Te vienes arriba con dos chupitos y aceptas.
b) Le propones que mejor os abracéis en el sillón.
c) Actúas como la Cenicienta y te vas sin decir adiós.

RESPUESTAS

MAYORÍA DE A

¡Te pone un montón!

Que tu chico quiera intimar contigo te pone superhot, tus hormonas vencen a las neuronas y la pasión te lleva a aceptar su propuesta; sin embargo, y de acuerdo con los especialistas, eres tan joven que después de hacerlo podrías arrepentirte. Antes de aceptar tener una relación más íntima con tu novio, te invitamos a seguir leyendo y consultar con la cabeza (y no con el cuerpo) esta importante decisión.

MAYORÍA DE B

Enamoradamente asustada

Pese a que estás perdidamente enamorada, el sexo es algo que aún te pone a temblar. Tu miedo es más grande que tu deseo, y aunque el amor, sus promesas y el temor a perderlo te invitan a aceptar, si cedes lo estarías haciendo bajo mucha presión, insegura y por las razones equivocadas. Quien te quiere de verdad jamás te obligará a hacer algo que no quieres. No te aceleres y espera el tiempo que tengas que esperar. Si él no está dispuesto a aguantar, lo más probable es que no sea el indicado. Recuerda que una relación se basa en el respeto, el amor mutuo y los detalles, pero no es un examen que debas aprobar.

MAYORÍA DE C

Libre de toda presión

Sin importar lo sutil y constante que sea la insistencia de tu chico, en estos momentos ni loca aceptarías tener tanta intimidad; tu mente está a otras cosas y no tienes ningún problema en decir "no", "para" o "adiós". Ningún chantaje emocional te hará cambiar de opinión.

En voz del experto

De acuerdo con Silvia Olmedo, si te presionan para tener una relación sexual, la lógica es "si me quieres, debemos hacerlo", y uno cuando ama no debe dar, sino compartir. Y para poder compartir la sexualidad, ambos tenéis que estar seguros y preparados. "Quien te pide algo así ¡te está chantajeando! A veces el amor va acompañado del miedo al abandono, pero, si te dejan porque no les has dado algo, es que nunca te quisieron. No eres la muñeca de nadie y el sexo no es una moneda de cambio", afirma la especialista.

A ella también

Itzel y Azul tienen 14 años de edad, son hermanas gemelas y esta es su experiencia: "A mí no me pidieron nada directamente, pero me lo insinuaron. Un día por WhatsApp, el que era mi novio me preguntó: '¿Me lo darías todo?'. '¿Qué es todo?', le respondí. Y me dijo: '¡Ya sabes, todo! En mi cuarto solitos los dos'. Me sorprendió y le dije que no porque éramos muy pequeños; pasaron unos cuantos días y me engañó con otra que quizás sí aceptó, así que cortamos", nos contó Azul.

"Hace dos años, el que era mi mejor amigo fue muy directo y me dijo que fuéramos a su casa a 'tener sexo', pensé que estaba de broma pero no, según él así se iba a fortalecer nuestra relación. Como no acepté, poco a poco me dejó de hablar; aunque me dolió, no me arrepiento de mi decisión, pues siento que aún no es mi momento", finalizó Itzel.

¡ESPÉRATE!

No cedas ni al chantaje de tu chico ni a las ganas de querer aventurarte en algo de lo que no estás segura, mejor aguanta y considera estas consecuencias:

EMOCIONALES

Si lo haces por mero placer, seguro que lo disfrutarás, pero ¿y después qué? ¿Tendrás una relación basada solo en el contacto físico y la sexualidad? ¿Los sentimientos y detalles se quedarán fuera de la cama? ¡Piénsalo! Y si lo haces para que deje de presionarte, es probable que sientas una mayor conexión con él, pero ¿si ese chico en algún momento se va? Silvia Olmedo asegura que podrías acabar sintiéndote muy mal, ¡vacía!, más utilizada que un clínex, más manipulada que la pantalla de tu smartphone. Te mirarás al espejo y sentirás enfado, culpa, tristeza, arrepentimiento y mucha desilusión.

DE SALUD

Si lo haces sin ningún tipo de protección, existe la probabilidad de que contraigas una infección o una enfermedad de transmisión sexual, sin mencionar que también podrías quedarte embarazada.

SOCIALES

Por supuesto podrías ser madre muy joven y pasar por todas las dificultades que eso implica (lee el capítulo "Se me retrasó la regla"), y aunque no todos los chicos son unos idiotas, hay algunos que podrían presumir de lo que hicieron como si hubieran ganado la Copa del Mundo.

¡SOCORRO! ¡YO NO QUIERO!

Si quieres evitar este chantaje, o salir bien parada si ya te lo propusieron, lo primero que debes hacer es quererte mucho a ti misma, poner límites y aprender a decir siempre y sin miedo lo que quieres, lo que NO quieres y lo que sientes. Después lleva a cabo los siguientes consejos:

CONÓCELO

Aunque no lo creas, hay idiotas disfrazados de príncipes que lo único que buscan es un revolcón. Aquí tienes algunas pistas que te ayudarán a identificarlos, para no acabar en su cama si no estás convencida.

Solo quiere sexo si...

- **Te EXIGE tener intimidad** como una muestra de amor.
- **Se pasa el día buscando excusas** y creando oportunidades para que te acuestes con él.
- **Cada vez que tenéis una cita,** te propone ir a un hotel.
- **Intenta emborracharte** como estrategia para seducirte.
- **Solo te invita a su casa** cuando sus padres no están.
- **Por WhatsApp te pide fotos desnuda** o en ropa interior.

* **Lo único que aprecia de ti** son tu culo y tus tetas.
* **Se empeña en tocar partes de tu cuerpo** aunque tu le repitas una y otra vez que no lo haga.
* **Cuando te pones mala o tienes una bronca** desaparece, pero cuando se entera de que estás sola en casa se quiere meter hasta tu habitación.
* **Sus piropos solo aluden a tu físico.**
* **En lugar de este libro,** te regaló el *Kamasutra*.

¡PÁRALE LOS PIES!

Si tu chico ya te ha propuesto tener una cita bajo sus sábanas y tú no quieres o aún no estás lista, ¡enfríalo con estas frases y verás cómo dejará de presionarte!

"Prefiero estudiar".

"Será cómo y cuándo yo quiera".

"Aún no me he vacunado y sigo siendo alérgica al sexo".

"Me duele la cabeza, me falta el aire. ¡Creo que me voy a desmayar!".

"Quiero llegar virgen al altar".

"*Sorry!* Estoy en el punto A de mi vida, no en el G".

"Debemos pedirles permiso a mis padres".

"Vete a una tienda de antigüedades, cómprate una lámpara maravillosa ¡y dile al genio que cumpla tus deseos!".

"Tu propuesta será enviada al buzón".

"Cómprate un helado y bájate el calentón".

"No me gusta la anatomía".

"Deja tu solicitud y ya me comunicaré contigo".

¿SI NO SE DETIENE?

Si ya le has dejado claro a tu chico que no quieres acostarte con él y aún así sigue insistiendo, aplica lo siguiente:

Aléjate. ¡De verdad! ¿Para qué seguir cerca de alguien que no respeta tus decisiones? Mejor dile adiós y antes de lo que imaginas encontrarás a alguien que te quiera de verdad.

Novia clausurada. Cancélale todos los besos y abrazos que le das; en las citas mantén tu cuerpo a cierta distancia del suyo.

MUESTRAS DE AMOR ROMÁNTICAS

Si estás perdidamente enamorada y quieres hacérselo saber a tu novio, te damos algunas ideas:

- SÉ UNA PERSONA FIEL.
- JAMÁS LE PIDAS LA CONTRASEÑA DE SU FACEBOOK O EL CÓDIGO DE SU MÓVIL.
- APAGA TUS CELOS Y DEJA DE COTILLEAR EN SU REDES.
- COMPARTE TU COMIDA CON ÉL.
- HAZLO SENTIR ESPECIAL FRENTE A LOS DEMÁS.
- PRESÉNTALE A TUS PADRES.
- APOYA A SU EQUIPO DE FÚTBOL.
- PREPÁRALE UN POSTRE.
- ESCRÍBELE UNA CANCIÓN.

En voz del experto

"Yo invito a las chicas a que esperen, que primero conozcan su cuerpo y tengan una mayor educación sexual, desde cómo poner un condón hasta cómo prevenir enfermedades y embarazos. **¡Esperad!**", ese fue el mensaje de Silvia Olmedo.

¿ESTOY LISTA?

Para responder a esta pregunta, la sexóloga y conferenciante Deny Welsh comentó: "Estás lista cuando dejas de ver el sexo como una prueba y lo consideras una acción responsable tuya y de tu cuerpo y además eres consciente de las consecuencias".

Y aunque no existe una edad exacta y la decisión de tener relaciones sexuales o no es totalmente personal y subjetiva, te sugerimos lo siguiente:

- **Infórmate sobre el uso** de métodos anticonceptivos y de protección.
- **Por cuestiones físicas** y emocionales, hazlo después de los 17 años y jamás antes de los 15.
- **Hazlo libre de presiones,** de manera consciente y responsable.
- **Es importante que ambos** os sintáis conectados, cómodos y seguros. La comunicación es básica.
- **Planea bien tu primera vez,** convierte el acto en un momento emotivo y no en un feo imprevisto.
- **Hazlo por amor o deseo,** pero nunca influenciada por alguien más.
- **Y ¡no te obsesiones con el tema!**

Se me retrasó la regla

Pides permiso para salir de clase y te diriges rápidamente al baño, con la esperanza de tener una mancha en la ropa interior. Debería haberte bajado la regla hace dos días, ¿o era hace tres días?, ¿o cuatro? Los latidos del corazón se aceleran y sientes que el mundo se abre bajo tus pies. ¡No te ha bajado! Recuerdas ese día en tu casa cuando tus padres no estaban y el jugueteo con tu novio terminó en relación sexual. Entre besos y caricias, os dejasteis llevar. “Nadie se queda embarazada a los catorce años”, te repetías, mientras tu mente se nublaba de amor y deseo. Aunque puedes nombrar más de tres métodos anticonceptivos, no se te ocurrió usar ninguno. Ahora solo tiemblas de arrepentimiento y temor. ¿Y si estás embarazada? La sola posibilidad te aniquila, igual que a todos tus sueños. ¿Qué van a decir tus padres, tus compañeros del instituto, tus amigas y abuelos? ¿Podrás continuar con las clases, tendrás la posibilidad de graduarte y ser una profesional? ¿O todo eso cambiará porque serás madre a los catorce años? Por fin llegas al baño y te aseguras de cerrar bien la puerta, levantas la falda y bajas tus braguitas con alivio y lágrimas en los ojos. Una mancha roja y fresca por fin ha hecho su grandiosa aparición.

PONTE A PRUEBA

¿EN RIESGO DE EMBARAZO?

¿Tienes una vida sexual responsable? Contesta las siguientes preguntas:

1 ¿Que tu chico termine fuera evita el embarazo?

a) Sí, sobre todo si no eres tan activa sexualmente.
b) No, no funciona como prevención de embarazo.

2 Si hicieras un examen que calificara tus habilidades con un condón, sacarías...

a) Cero, jamás has visto uno en directo.
b) Siete u ocho, sabes cómo hacerlo, aunque jamás has puesto uno.

3 Si aún no has tenido tu primera regla, ¿puedes quedarte embarazada?

a) Pues claro que no, porque no estás lista físicamente para ser madre.
b) Sí, porque podría haber un óvulo listo, aunque no hayas menstruado.

4 Si tienes relaciones sexuales durante la menstruación, no te quedas embarazada.

a) Pues... no.
b) Sí, porque puede haber más de un óvulo listo y los espermatozoides duran varias horas vivos dentro de la cavidad vaginal.

5 Si eres virgen, no te quedas embarazada la primera vez.

a) No, porque el himen no deja entrar a los espermatozoides.
b) Cuando hay una relación sexual, siempre hay riesgo de embarazo.

6 La píldora del día después...

a) Es la mejor aliada, tus amigas la toman todo el tiempo y jamás se han embarazado.
b) Es solo para emergencias, como su nombre indica, no es para cada mes. No es un anticonceptivo.

RESULTADOS

MAYORÍA DE A

Aunque posees mucha información y en el instituto te han hablado acerca de métodos anticonceptivos, no tienes ni idea de cómo funcionan los condones ni las píldoras del día después. Tu cabeza está llena de mitos e ideas equivocadas sobre el embarazo, pues piensas que no te va a ocurrir, que solo les pasa a las chicas tontas o a las que no tienen suerte. ¡Muy mal! Ser sexualmente activa implica riesgo no solo de embarazo, sino de Enfermedades de Transmisión Sexual (ETS) y otros problemas megagraves. Entiéndelo, por favor: ¡sí puedes quedarte embarazada la primera vez, aunque todavía no hayas tenido la regla! Sigue leyendo para aclarar tus dudas.

MAYORÍA DE B

Sabes que no es una broma, que varias chicas de tu generación han tenido que dejar el instituto para dar a luz. Eso de tener una fiesta de bautizo en lugar de una donde haya comida, bebida y música a tope no te llama la atención. Conoces los riesgos y no temes poner en práctica todo lo que has escuchado sobre anticonceptivos y sexo protegido. ¡Bien por ti!

En voz del experto

La maestra Gabriela Rodríguez Ramírez, psicóloga educativa, nos ha explicado que sí hay forma de hacerle frente al embarazo adolescente, y esto es cogiendo el futuro entre tus manos: "Para que una chica posponga su maternidad, debe tener muchas cosas que hacer. Antes viajará, irá al instituto, estudiará una carrera, tendrá un par de novios". Su consejo es pensar en el futuro, tener un plan de vida y muchas metas por cumplir. Además, recomienda: "Infórmate más, busca mejores oportunidades; cuando seas un poco más mayor y estés en mejores condiciones con tu pareja, entonces ten hijos. No tengas miedo de exigirle a tu novio un método anticonceptivo ni tampoco temas usarlos. En el noviazgo debe existir buena comunicación e ideas compartidas para prevenir un embarazo".

RIESGOS DE UN EMBARAZO ADOLESCENTE

El embarazo adolescente no solo representa un problema de salud para la chica que va a ser mamá y su bebé, también tiene consecuencias a nivel económico y social. Según el INEGI, este proceso "involucra un desgaste físico importante para el cuerpo de la madre; en la adolescencia, este se encuentra en desarrollo, razón por la cual los embarazos en esta etapa se consideran de alto riesgo". Se estima que el cuerpo de una mujer alcanza su madurez entre los 19 y los 20 años (ojo: esto no significa que sea la edad ideal para quedarte embarazada). Y no solo eso, los riesgos de tener un bebé siendo una adolescente son:

- **Tu pelvis es aún muy pequeña** y no está lista para soportar el peso de un bebé, lo que podría ocasionar desgarres y hemorragias. Incluso podrías morir desangrada en el parto.
- **El cuello de la vagina y el útero** no ha alcanzado su plena madurez.
- **Falta de control médico.** Muchas chicas embarazadas confunden los síntomas de una gestación con otro tipo de problemas, por lo tanto, no reciben cuidados prenatales ni toman vitaminas para cuidar su salud ni la de su bebé.
- **Las tasas de partos prematuros** y abortos espontáneos son elevadas. Lo cual implica un riesgo muy alto para tu salud.
- **Conflictos sociales y familiares.** Algunas adolescentes embarazadas se enfrentan a problemas en su casa son víctimas de burlas y comentarios desagradables por parte de personas a su alrededor.
- **Fracaso escolar.** De acuerdo con el Consejo Nacional de Población, se calcula que 90 % de las adolescentes embarazadas dejará la escuela.
- **Aislamiento.** Deberás abandonar el estilo de vida que conoces para atender al bebé, lo que puede provocar estrés, problemas de autoestima y frustraciones.
- **Padres eternos.** ¡Ojalá!, pero aunque te apoyen, ¿qué vas a hacer si alguno de tus padres pierde el trabajo o ya no pueden cuidar al bebé?

A ella también

"Sabía, o más bien quería creer que no me pasaría nada, solo tengo trece años y nunca había escuchado que alguien de mi edad se quedara embarazada. Esa tarde, mi mejor amiga me llevó a casa de mi novio porque sabíamos que sus padres no estarían; mi amiga aceptó ser mi tapadera: si hiciera falta, diría que estuvimos juntas en el cine. Me puse un vestido supersexy y la colonia de mi madre. La verdad, lo que pasó no fue lo que tenía en mente. No sentí ni placer ni nada, solo culpa. Lo peor fue cuando, después de unos días, empecé a sugestionarme y a sentir mareos, náuseas y se me quitó el hambre. Pensé que estaba embarazada. Ninguna de mis amigas pudo sacarme de dudas, así que intenté preguntarle a mi hermana, que es cinco años mayor que yo, pero todo salió mal y luego sospechó que la embarazada no era 'una amiga', sino yo, y se lo dijo a mis padres, quienes me echaron la bronca, me dijeron que estaban desilusionados y mil cosas más. Sabía que siempre habían querido que acabara el instituto y todo eso, y sentí que les había fallado. Afortunadamente me bajó la regla al día siguiente del drama familiar. Con lo que me pasó, entendí que no estoy lista para ser madre ni para las consecuencias de tener sexo". Anónimo, 13 años.

IDEAS PARA PROTEGERTE

Haz planes. Busca cosas que hacer, ¡no te obsesiones con el sexo!

Ten claros tus derechos y conoce las leyes. Tener sexo con menores de edad es un delito penal.

- **Viaja.** No hay nada que estimule más la imaginación que conocer tierras lejanas, pasear en góndola en Venecia o subirte a la Torre Eiffel. ¿Con qué sueñas tú? Ten en mente tu ideal y prepara tu maleta. Si lo visualizas, seguro que harás todo por conseguirlo.
- **Estudia.** Ahora te puede dar pereza, pero prepararte te ayuda a contar con las armas necesarias para enfrentarse al futuro y conseguir un empleo que te permita vivir bien y seguir adelante.
- **Disfruta de tu familia.** Esto incluye pelearte con tus hermanos y valorar el amor de tus padres, los mimos por ser la menor o los beneficios de ser la hija mayor (o la única). No te adelantes ni quieras vivir de forma acelerada. Hay más tiempo para ser adulto que para ser adolescente.

- **Ten un hobby.** Muchas veces lo que empieza como un gusto o una afición podría definir el resto de tu vida. ¿Quieres estudiar teatro, danza? ¿Te gustaría cantar o aprender a tocar un instrumento? ¿Te gusta hacer manualidades o grabar tutoriales o escribir? Las opciones son infinitas y no hay excusas. Existen muchos lugares en los que dan talleres gratuitos para jóvenes; incluso puedes organizar un club de jazz con tus amigas. ¡El límite solo está en tu imaginación!

Hay mucho por hacer, por descubrir, y la juventud es el mejor momento para hacerlo, mira siempre hacia adelante y descubre las infinitas posibilidades. Ser madre es muy bonito, pero no para una chica del instituto que debería estar descubriendo quién es y qué quiere hacer con su vida. Seguro que en el futuro podrás planterarte tener una familia y disfrutar de la maternidad, aunque la adolescencia no es el momento ideal para eso. Claro que hay opciones para una chica embarazada, como el aborto o la adopción, pero ¿no crees que es mejor tomar las riendas de tu vida sexual y responsabilizarte de ella antes de que debas tomar este tipo de decisiones?

¡NO TE ADELANTES!

En el capítulo "Me quieren llevar a la cama" mencionamos algunas razones equivocadas para tener relaciones sexuales. Si no quieres o sientes que no estás lista, ¡simplemente no lo hagas! Además de un embarazo no planeado, las ETS también son un riesgo enorme. Descubre los problemas y cómo protegerte en el capítulo "Me dijeron que no pasaba nada".

A MÍ TAMBIÉN

Me dijeron que no pasaba nada

¡Auch! Algo va mal allá abajo. Te pica un montón y te sale un fluido amarillento que huele fatal. Una de tus amigas te aconseja que no te pongas pantalones apretados y que te bañes con agua tibia, pero nada mejora. Te preguntas si podrías tener una infección, pero intentas relajarte pensando: "Seguro que no, porque me cuido. Solo tengo relaciones con mi novio y él no tiene nada raro, está supersano. No creo que me ponga los cuernos". Sí, todo va bien y vas al médico con la seguridad de que te dirá que sufres una infección leve o que no te dejes tanto tiempo el tampón y listo. Pero no es así, la realidad es que tienes gonorrea y te la ha pegado tu novio... ¡Qué horror! No dejes que esta historia sea la tuya. Tener relaciones sexuales sin protección sí tiene consecuencias.

A ella también

"Ya han pasado casi diez años desde mi primera relación sexual. Jamás había ido al ginecólogo y tuve que visitarlo por otras molestias. No tenía de qué preocuparme, no tenía relaciones sexuales desde hacía un año. Me hicieron las pruebas, y un par de días después me enteré de que mis células vaginales eran anormales, tenían que hacerme más estudios para averiguar qué tenía. Mi mente voló sin control cuando, antes de las pruebas adicionales, me volvieron a preguntar: '¿Cuándo inició su vida sexual?', '¿Cuántas parejas sexuales ha tenido?'. Todo era confusión, no me había cuidado, solo había tenido novios y se suponía que estaban sanos. Me preguntaba: ¿por qué no usábamos condón por lo menos?, ¿cuál de mis parejas me había contagiado? Soy portadora del VPH, una de las enfermedad de transmisión sexual. Pensé que no pasaba nada y veo que me equivoqué. Ahora no dejo de tener miedo". Yadira, 25 años.

PONTE A PRUEBA

¿POR QUÉ TENER RELACIONES SEXUALES?

Veamos si estáis teniendo relaciones sexuales por las razones correctas o no. Marca con una cruz si te identificas con algunas de estas afirmaciones. ¡Debes ser lo más sincera posible!

( ) Si todo el mundo lo hace..., ¿por qué yo no?

( ) Si un chico me gusta mucho, podría tener sexo con él para llamar su atención.

( ) Me siento presionada porque soy de las pocas de mi grupo de amigas que no ha tenido relaciones con un chico.

( ) No tener novio ni tener relaciones sexuales me hace sentir fea, creo que no le gusto a nadie.

( ) Me pierdo cuando mis amigas empiezan a hablar de chicos y de temas sexuales, pues no tengo tanta experiencia.

( ) He llegado a pensar: "Si me quedo embarazada, pues tengo al niño y ya".

( ) No conozco a ninguna chica embarazada o con una enfermedad sexual y eso me da seguridad.

( ) Quiero experimentar nuevas sensaciones en mi cuerpo... ¿Esa no es suficiente razón?

( ) Tener relaciones sexuales puede reafirmar que ya no soy una niña.

( ) Todos los adultos dicen que el sexo es "malo" y eso hace que me apetezca más intentar probarlo.

RESULTADOS

Si has puesto una X en...

1 A 3 OPCIONES...

Consideras que para tener relaciones sexuales debes estar segura de querer hacerlo y no solo por sentirte presionada por tus amigas o tu novio. Lo que te falta es aprender más sobre tu cuerpo y cómo tomar las mejores decisiones.

4 a 6 OPCIONES...

No sigas pensando que tener relaciones sexuales no tiene consecuencias. Todavía estás a tiempo de informarte y tomar mejores decisiones respecto a tu vida sexual. No te tomes este tema a la ligera ni te dejes influir por otras personas.

7 a 10 OPCIONES...

Estás actuando por razones incorrectas y debes cambiar el chip que tienes respecto a las relaciones sexuales. Intimar con un chico no es una moda, ni es una condición para intercambiar el título de niña por el de mujer. Tampoco es un método para ligarte al chico que te gusta.

¡QUÉ GANAS!

Muchas chicas seguro que se preguntan: "¿Puedo quitarme el calentón y las ganas de tener relaciones sexuales?". Sinceramente, ¡ni un baño estilo *Ice Bucket Challenge* ayudaría! La idea es que no quieras llegar a un restaurante directamente a pedir el postre; primero hay que probar la ensalada y el plato fuerte. Es decir, sería mejor que antes de tener relaciones sexuales descubrieras tu sexualidad poco a poco. ¿Ya has leído el capítulo "Me gusta tocarme"? Te convendría conocer más tu cuerpo y lo que te gusta antes de empezar tu vida sexual.

TÚ TOMAS LA DECISIÓN, PERO...

Las chicas están iniciando su vida sexual a una edad temprana. Aunque saben que existen métodos como el condón, no los utilizan y muchas se quedan embarazadas. Además ignoran palabras como clamidia, gonorrea, sífilis, tricomoniasis, herpes, virus del papiloma humano (VPH), virus de inmunodeficiencia humana (VIH) y toda clase de bacterias, hongos y virus que se transmiten a través de prácticas sexuales sin protección. Si bien tienes la libertad de decidir cuándo iniciar tu vida sexual, también debes ser consciente de todos los riesgos y cuidarte.

MÉTODO DE PROTECCIÓN MENTAL

Lo deben usar chicos y chicas, incluso antes de tener relaciones sexuales. Este método consiste en eliminar de la cabeza la idea de que A TI NO TE VA A PASAR NADA, que estás protegida de todo mal o que eres inmune. En cambio hay que instalar el chip de SÍ ME PUEDO QUEDAR EMBARAZADA, SÍ ME PUEDO INFECTAR. Las chicas que no siguieron este método e iniciaron su vida sexual creyendo que no había consecuencias ni riesgos estuvieron expuestas a cambiar su vida con un embarazo no deseado y a contagiarse de una enfermedad de transmisión sexual (ETS). A quien debes convencer de que con la vida y la salud no se juega es a ti, de lo contrario te va a dar igual acostarte con un chico que no se preocupe por ti ni lo más mínimo.

En voz del experto

¿Crees que a tus padres les podría dar un miniinfarto si encuentran tus condones? José Cruz Vázquez, director de Mercadotecnia de DKT México y sexólogo por la Asociación Mexicana para la Salud Sexual, A. C. (AMSSAC), nos explica qué pasa con ellos: "Para los padres es muy difícil darse cuenta de que sus hijos están creciendo, y muchos prefieren evitar el tema de la sexualidad, pues consideran que si no lo dicen, no existe. Además, como sigue siendo un tema tabú, muchos no saben cómo tratarlo ni se atreven a pedir consejo. Sin embargo, siempre es importante contar con el apoyo de un adulto en quien poder confiar". ¿Y quién debe ser esa persona? Alguien que respalde tus decisiones y que escuche sin juzgar, como una tía o una hermana.

LO MÁS IMPORTANTE: LA PROTECCIÓN

¿Cómo me tengo que cuidar? ¿Qué métodos son los mejores para mi edad? Primero debes descartar por completo esos métodos anticonceptivos que no sirven más que para hacer reír, como el "coito interrumpido" (correrse fuera). Los expertos en salud sexual reproductiva que forman parte de asociaciones mundialmente reconocidas recomiendan que siempre, siempre, te protejas, sobre todo para evitar enfermedades de transmisión sexual:

CONDÓN

El preservativo es el único método que puede prevenir el contagio de una ETS..., ¡no hay más! El masculino es el más común y es de lo más efectivo si se usa de manera correcta. Practica cómo colocarlo. Revisa siempre la fecha de caducidad y no lo uses si ya está caducado (¡cuidado!, no son unas patatas rancias que te puedes comer y que quizás te den un poco de dolor de estómago). Tampoco lo untes de crema, chocolate ni ninguna sustancia de este tipo porque puede romperse. Lo único que puedes aplicar son lubricantes a base de agua.

HABLEMOS DE MICROBIOS...

¡Créetelo! Después de tener contacto sexual sin protección, lo menos grave que te puede pasar es un embarazo. Lo más peligroso sería contraer una ETS, la cual podría poner en riesgo tu vida. Por eso, la doctora Cinthya Verver Moreno, miembro del Colegio Mexicano de Especialistas en Ginecología y Obstetricia (COMEGO), nos ayuda a responder algunas dudas relacionadas con estas enfermedades.

¿ME PUEDO CONTAGIAR DE ALGUNA ETS EN MI PRIMERA VEZ?

Por supuesto que sí. Hay un mayor riesgo de contraer una ETS si tienes varias parejas sexuales o si has tenido relaciones de alto riesgo (sin protección aunque sea una sola vez).

¿ESTOY LIBRE DE INFECCIONES SI SOLO PRACTICO SEXO ORAL?

Muchas chicas creen que, si no las penetran, conservan su virginidad y evitan problemas, pero no es así. Cualquier tipo de contacto sexual, como el sexo oral sin protección, implica riesgos de contagio de ETS. Lo ideal es usar métodos de prevención, como preservativos de sabores.

¿ESTOY INFECTADA O NO?

Hay ciertas ETS que producen síntomas en cuanto se pillan; por ejemplo, la sífilis, la gonorrea y el herpes. Pero otras, como el VPH, el VIH o la clamidia, por mencionar algunas, no provocan síntomas, y podrían pasar años sin que una persona se dé cuenta de que es portadora. La única manera de detectar si tienes alguno de estos microorganismos es acudir al médico para una revisión y, en caso necesario, realizarte estudios de detección. El VIH, por ejemplo, tiene un "periodo de ventana", es decir, alguien puede ser portador y no tener ninguna manifestación de la enfermedad incluso durante diez años, ¡imagínate, diez años sin saberlo! Por eso es indispensable que uses protección en toooodos tus contactos sexuales y que vayas al ginecólogo una vez al año para una detección temprana de cualquier enfermedad.

¡ME HE CONTAGIADO! ¿QUÉ VA A PASAR?

Todas las ETS trastornan la salud sexual y reproductiva, por lo que no hay consecuencias mayores ni menores, pues todas son negativas y alteran tu plan de vida. Aquí te dejamos solo algunas.

- **Ser portadora de infecciones** es un riesgo para ti y los demás. Muchas de las ETS son silenciosas, es decir, no presentan síntomas; y si llevas una vida sexual activa y no te cuidas, contagiarás a otras personas, pondrás en peligro tu vida y la de los demás. ¿Y si te quedaras embarazada? Infecciones como la gonorrea, la sífilis y la tricomoniasis provocan fiebre, entre otras complicaciones, que afectan al desarrollo del bebé.
- **En el caso específico de la clamidia,** mycoplasma y ureaplasma, a largo plazo provocan una enfermedad pélvica inflamatoria que causa infertilidad. Aunque si una adolescente con clamidia llega a quedarse embarazada, puede infectar al bebé, lo que podría causarle neumonía o infecciones en los ojos.

* **La ETS con las consecuencias más graves** es la provocada por el VIH. De acuerdo con ONUSida, hasta 2014 había 36,9 millones de personas vivas contagiadas por el virus. La infección daña el sistema inmunológico, y cuando se desarrolla la enfermedad, se le conoce como síndrome de inmunodeficiencia adquirida (SIDA). ¿Qué pasa en el cuerpo? Este ya no logra defenderse cuando se pone enfermo. En la actualidad, esta infección se controla con medicamentos, pero, si llegara a desarrollarse, acabaría con tu vida.

UNA VACUNA PARA TI

Actualmente la vacuna contra el virus del papiloma humano (VPH) ha causado mucho revuelo. Aquí exponemos algunas cosas que debes saber sobre la vacuna.

- Se aplica a partir de los 9 años, pues las mejores tasas de efectividad se registran en personas vacunadas antes de que inicien su vida sexual.

- No ofrece protección al cien por cien. La razón es que no hay un solo virus, existen unos cuarenta que afectan la zona genital, y, de esos, algunos generan diferentes tipos de cáncer, no solo cérvico-uterinos, sino también de vulva, vagina, colon, recto e incluso de laringe.

Muchas de las ETS no presentan síntomas; y si llevas una vida sexual activa y no te cuidas, pondrás en peligro tu vida y la de los demás.

NOVIO = ¿MICROBIO INFECCIOSO?

A veces las chicas se preguntan: "¿Cómo hago para convencer a mi novio de cuidarnos?". En teoría, tanto hombres como mujeres deberían estar de acuerdo en la práctica del sexo seguro, pero, desgraciadamente, el primer germen macroscópico con el que muchas se pueden encontrar es su propia pareja. Analiza estas circunstancias para ver si él supone un riesgo para tu salud.

* **Te da un ultimátum.** Ya sabes: "Si no tenemos relaciones, me voy a ir con otra que sí me dé lo que quiero". Toda relación sexual debe ser consensuada, es decir, que los dos deben estar de acuerdo. Pero si ese chico te amenaza para que cedas, está dando señales de que únicamente te quiere por el sexo. Para más información, pasa al capítulo "Me quieren llevar a la cama".
* **Se cree adivino del amor.** No puedes permitirte el lujo de creer a chicos que te dicen frases como: "Confía en mí, te lo juro, no va a pasar nada". Piensa: ¿no te va a pasar nada solo porque él lo dice?, ¿es vidente o lo abdujeron extraterrestres que le indican el futuro? Que tus propias decisiones y los métodos de protección sean los que marquen tu destino, no un chico que quiere jugar con tu salud.
* **Dice tonterías.** Si tu chico te dice el clásico "No quiero usar condón porque no se siente igual", guarda un minuto de silencio por sus neuronas, que murieron ahogadas en sus hormonas..., ¡y después mándalo a paseo! Cuando un tío no tiene claro que exigirle el uso del preservativo es una forma de decirle que te quieres y que te importa la salud de ambos, entonces no vale la pena.
* **Es taaan guapo...** ¿Cómo podría estar enfermo de algo? Imagínate, si un virus no se puede ver en cualquier microscopio, ¡menos lo distinguirías en el resplandor de sus ojos! Sinceramente, no siempre puedes confiar en las palabras tiernas de un chico que en apariencia está muy sano, que jura que eres la primera y la única chica con la que se acuesta. No tiene que parecer un zombi purulento para que sea portador de una ETS, recuerda que muchas de las infecciones no presentan síntomas.

CÓMO COMPRAR CONDONES... (SIN SALIR CORRIENDO DE LA FARMACIA EN EL INTENTO)

Estos consejos te ayudarán a tener acceso a los preservativos. No hay excusas para no usarlos.

* **Elimina prejuicios.** Aunque la prevención es un asunto de dos, puedes tomar la iniciativa de comprarlos, eso no te hace una "chica mala". Siéntete orgullosa de no permitirte correr riesgos.
* **Lady Condón versus Lady VIH.** Como si fuera una peli, proyecta en tu mente estas dos escenas: en la primera de ellas apareces en una farmacia comprando condones y durante cinco eternos minutos quieres que te trague la tierra por los nervios y la vergüenza. En la otra te encuentras sola y aterrada porque te acabas de enterar de que eres portadora de VIH. ¿Cuál de las historias prefieres? Siempre será mejor superar la vergüenza.
* **Pide ayuda.** Nunca falta un adulto que te endienda, como tu herman@ mayor o prim@, que te acompañe a conseguir los condones y te dé seguridad, por lo menos la primera vez.
* **¿Y esta señora, qué?** No te bloquees si cuando pidas tus condones te topas con personas que te ponen caras raras y te dicen cosas como: "Y tú, niñita, ¿qué haces comprando condones, eh?". Aunque sabemos que querrás decirle: "¡Qué te importa, viej@ cotilla!", mejor sonríe y suéltale este argumento irrefutable: "Es para un trabajo del instituto, ¿sabía que la atención de la salud sexual es un derecho y que quien la niegue puede ser detenido por la policía?". No le quedará aliento para juzgarte.
* **Déjate de risas.** Si te acompañan amigas, que no os dé un ataque de risa frente al mostrador ni empecéis a deciros: "Pídelos tú...", "Ay, no, tú...", "No, mejor tú... ji, ji, ji". Tu salud es un asunto serio y ese es el mensaje que debes dar. Intenta verte muy segura, habla alto y decidida.
* **Sorpresa inesperada.** Otra cosa que puede ponerte muy nerviosa es que te encuentres a un conocido justo cuando estés escogiendo entre los clásicos o los de sabores. No te vayas a la farmacia de la esquina, muévete un poquito más.

NOTAS

No importa que aún no hayas iniciado tu vida sexual, esta información es muy valiosa para cuando decidas que ha llegado el momento.

Saber que existen condones no te salvará de contraer una enfermedad de transmisión sexual. Usarlos sí.

A MÍ TAMBIÉN

Conclusión

ANTES DE CERRAR ESTE LIBRO, RECUERDA:

* **Agradece las cosas buenas que tienes:** tu casa, tu familia, tus amigos, tu colegio, tu mascota... No pases por alto el hecho de contar con todo eso y sé feliz porque está en tu vida.
* **Enfréntate a tus desafíos con una actitud curiosa** que te lleve a hacer descubrimientos todos los días, sobre ti y sobre el mundo que te rodea. ¡Jamás dejes de asombrarte!
* **No te conviertas en una víctima de tus circunstancias.** Infórmate y toma decisiones y recuerda que, en caso de equivocarte, ¡siempre hay solución! ¿Cómo? Responsabilízate de tus actos y trata de resolver los problemas lo más rápido que puedas. ¡Pide ayuda! ¡No estás sola y el mundo no se acaba por un error!
* **Esfuérzate cada día, con la seguridad de estar haciendo bien las cosas,** defendiendo quién eres y persiguiendo tus sueños con voluntad, valentía, perseverancia y alegría.
* **No te acostumbres a ser juzgada por otros.** Esta es la mejor edad para descubrir quién eres, tu propio valor y defender tu personalidad. Nadie tiene el derecho a decir qué debes hacer ni lo que vales.
* **Recuerda que todas tenemos malos ratos,** y eso no significa que todo esté perdido y no haya esperanza. Nada es para siempre: ni lo

muy bueno ni lo muy malo, así que prepárate para los días de tormenta con el paraguas del optimismo y la esperanza.

* **Aprende a confiar en quien vale la pena** y no temas hacer muchos amigos. Siempre tendrás algún aliado en el camino que crea en tus sueños y esté dispuesto a echarte una mano para realizarlos.
* **No te quejes, mejor actúa.** Equilibra tu preocupación con acciones, haz algo para cambiar lo que no te gusta de ti, del instituto, de tu familia..., incluso de tu ciudad y el mundo en que vivimos. Tú puedes marcar la diferencia con tu actitud y tu sonrisa.
* **No confíes en la suerte, es una trampa.** La gente exitosa lo es porque trabaja por lo que quiere, se esfuerza más que los demás y hace lo imposible por mejorar en aquello para lo que es bueno. No se trata de casualidad, sino de empeño. Nada cae del cielo (bueno, solo la lluvia).
* **No te compares con los demás,** el jardín del vecino siempre parece más verde..., ¡pero el tuyo tiene flores! Atrévete a mirarte en el espejo, a aceptarte y amar hasta el último mechón de tu cabello, tus pecas, lunares y todo, ¡hasta las cositas que consideras defectos!, porque te hacen una chica única y especial.
* **No te limites ni permitas que las dudas se apoderen de ti,** tampoco dejes que los demás te digan de qué eres capaz. Puedes hacer lo que quieras, ¡experimenta! Brilla en cualquier oscuridad.
* **Olvídate de cotilleos y quejas.** Atrévete a soñar despierta. No vivas en el pasado (no importa que haya sido muy positivo o muy negativo), tienes que seguir adelante y no rendirte nunca.
* **Usa el miedo como impulso para salir de esa relación** que no te gusta, de las malas notas, de esa amiga tóxica. No decidas quedarte ahí. Mejora cada día, con cada decisión y cada experiencia.
* **Sueña con el futuro, imagínalo tan bello como sea posible** y trabaja cada día en él, desde mejorar tus notas, llevarte bien con tus padres o contribuir a hacer del mundo un lugar mejor. Elige tu causa y marca la diferencia.
* **Llena tu corazón con cosas bellas: bondad, paz, ayuda, fe.** Sé noble, tierna, sonriente y jamás cambies el amor por maldad, envidia o celos.

Expertos consultados

Los autores de este libro deseamos agradecer su colaboración a las siguientes personas:

- **Alejandro Castro**, technical manager de la empresa desarrolladora de fragancias y sabores Symrise (25 de febrero de 2015), entrevista personal.
- **Alfredo Nateras**, doctor en Ciencias Antropológicas e investigador de la Universidad Autónoma Metropolitana (UAM) (23 de octubre de 2014), entrevista telefónica.
- **Alessia Di Bari**, sexóloga. Fundadora y directora del centro Evolución Terapéutica (9 de octubre de 2014), entrevista por e-mail.
- **Anameli Monroy**, especialista en terapia sexual. Fundadora y presidenta de CORA, Centro de Atención y Capacitación Integral, A.C. (septiembre de 2015), entrevista telefónica.
- **Ángel Prado García**, doctor. Director general adjunto de operación de los Centros de Integración Juvenil (6 de febrero de 2015), entrevista telefónica.
- **Blanca Patricia Munive**, coach de Vida. Fundadora y Directora de Grupo Vida con ACTITUD Va! (10 de mayo de 2016), entrevista telefónica.
- **Celia Palomares García**, psicóloga por la Universidad Nacional Autónoma de México (29 de abril de 2016), entrevista telefónica.
- **Claudia Bello**, psicóloga especialista en psicoterapia de pareja y miembro de Chikome, centro de equilibrio y desarrollo (2 de abril de 2016), entrevista personal.
- **Claudia Casali**, psicóloga, miembro de TRIA, Centro de Tratamiento e Investigación de Anorexia, Bulimia y Obesidad de México (4 de enero de 2016), entrevista personal.
- **Claudia Hernández Camarena**, psicóloga social con Especialidad en Educación en la escuela y familia (4 de abril de 2016), entrevista telefónica.
- **Daniela Gutiérrez**, psicóloga. Miembro de la Sociedad Mexicana de Psicología e Innovación Tecnológica (13 de octubre de 2015), entrevista por e-mail.

- **Deny Welsh**, doctora, especialista en temas de sexualidad (8 de octubre de 2014), entrevista por e-mail.
- **Enrique Culebro Karam**, licenciado en Mercadotecnia y maestro en tecnologías de la información. Vicepresidente de Publicidad y Marketing de la Asociación Mexicana de Internet (AMIPCI) (8 de febrero de 2016), entrevista por e-mail.
- **Gabriela Arreola Caballero**, psicoanalista por la Universidad Nacional Autónoma de México (UNAM) (18 de mayo de 2016), entrevista por e-mail.
- **Gabriela Rodríguez Ramírez**, psicóloga educativa por la Universidad Nacional Autónoma de México (UNAM), maestra en antropología social por la Escuela Nacional de Antropología e Historia (ENAH). Directora general de la sociedad civil AFLUENTES, S.C. (21 de abril de 2016), entrevista telefónica.
- **Irene Silva**, psicóloga social y académica de la Universidad Autónoma de México (octubre de 2015), entrevista telefónica.
- **Ivette Rivera**, dermatóloga. Miembro de la Fundación Mexicana para la Dermatología, A.C. (13 de octubre de 2014), entrevista telefónica.
- **Jatziri Chávez Bernal**, dermatóloga. Miembro de la Sociedad Mexicana de Cirugía Dermatológica y Oncológica (14 de octubre de 2014), entrevista por e-mail.
- **Jeni Fermín**, sexóloga, miembro del Instituto Mexicano de la Sexología IMESEX (18 de octubre de 2014), entrevista personal.
- **Jorge Ríos**, publirrelacionista de moda (5 de mayo de 2016), entrevista por e-mail.
- **Julieth Puello Castro**, nutrióloga de la Fundación Mídete (22 de octubre de 2014), entrevista personal.
- **Laura Juárez Navarrete**, dermatóloga. Presidenta de la Fundación Mexicana para la Dermatología, A.C., miembro de la American Academy of Dermatology y profesora de la Escuela Médico Militar (14 de octubre de 2014), entrevista telefónica.
- **Manuel Sánchez de Carmona**, doctor. Presidente Mundial de la Sociedad Internacional de Trastornos Bipolares (ISBD) (25 de mayo de 2015), entrevista por e-mail.
- **Miguel Ángel Mendoza Meléndez**, doctor. Director de investigación y evaluación del IAPA de la Ciudad de México (15 de abril de 2016), entrevista telefónica.
- **Myranda "La Kanijita"**, licenciada en artes plásticas y tatuadora profesional (septiembre de 2014), entrevista personal.
- **Nick Vujicic**, orador motivacional (22 de octubre de 2014), conferencia de prensa en la Ciudad de México.

- **Pamela Jean**, consultora en comunicación estratégica. Fundadora y Directora de Lenguaje Persuasivo: Magia Orgánica™, LP:MO™ (21 de octubre de 2014), entrevista telefónica.
- **Penélope Rubio**, psicóloga y psicoterapeuta por la Universidad Salesiana México (8 de octubre de 2014), entrevista telefónica.
- **Roberto Herrera**, maestro en psicoterapia psicoanalítica por la Universidad Autónoma Metropolitana Xochimilco (UAM) (10 de mayo de 2016), entrevista telefónica.
- **Rossana Janina Llergo Valdez**, dermatóloga. Miembro de la Sociedad Mexicana de Dermatología, de la Academia Mexicana de Dermatología, del Colegio Ibero Latinoamericano de Dermatología (10 de octubre de 2014), entrevista telefónica.
- **Silvia Araya**, psicóloga especialista en ataques de pánico. Autora del libro *Confíe y viva sin pánico* (23 de septiembre de 2015), entrevista por e-mail.
- **Sick Streets**, tatuador profesional (septiembre de 2014), entrevista personal.
- **Silvia Galván**, diseñadora de Imagen. Directora y fundadora de Silvia Galván Image Studio (7 de octubre de 2015), entrevista personal.
- **Silvia Olmedo**, psicóloga y sexóloga. Autora del libro *Mis sentimientos erróneos* (12 de octubre de 2015), entrevista personal.
- **Ximena Sandino**, directora del Consejo Académico en Bright House School (1 de octubre de 2015), entrevista por e-mail.
- **Yazmín Jalil**, periodista y conductora de televisión. Autora del libro *Como anillo al dedo* y conferencista de temas relacionados con las parejas y el amor (21 de octubre de 2015), entrevista por e-mail.
- **Yolanda Grissel Manjarrez Mateos**, abogada y asesora jurídica por la Facultad de Derecho de la Barra Nacional de Abogados (19 de mayo de 2016), entrevista por e-mail.

¡FUE INCREÍBLE
ESCRIBIR
A MÍ TAMBIÉN!

A MI TAMBIÉN